Ⓢ新潮新書

安藤優一郎
ANDO Yuichiro

徳川将軍家の演出力

198

新潮社

徳川将軍家の演出力 ● 目次

まえがき

「余の顔を見忘れたか」

単身乗り込んだ悪人の屋敷で、松平健演じる将軍徳川吉宗が投げかける決めゼリフである。悪人が、吉宗の顔を思い出して恐れ入るという時代劇「暴れん坊将軍」のハイライトシーンだ。「水戸黄門」で言えば、「この紋所が目に入らぬか！」と、葵の紋所の印籠を振りかざす場面である。時代劇の世界では、将軍は割合身近な存在だろう。

しかし、この時代徳川将軍家とは、現在では想像も付かないほど、はるか遠い存在であった（山本博文『遊びをする将軍踊る大名』教育出版、二〇〇二年）。そもそも将軍の顔を見知っている者など、ほとんどいなかった。当時の日本の総人口は約三千万人だが、千人ぐらいしかいなかっただろう。

将軍の身の回りの世話をする側近、将軍の生活と一体化していた大奥以外、将軍と直接話をするチャンスさえなかった。実のところ、大奥でさえも、将軍の顔を見られる女性はごく一部に過ぎなかった。江戸城には葵のカーテンが引かれ、あたかも神様であるかのように、その存在は深く隠されていたのである。

武士は将軍に拝謁（御目見得）できるか否かで、ランク付けされたが、御目見得以上の武士、つまり大名や旗本でも、江戸城に登城して将軍に拝謁できるのは、一年に数えるほどだった。いざ拝謁する段になると、「しー」という声が一斉に発せられ、城内は異様な空間に一変する。荘厳な雰囲気のもと、拝謁者に神々しさを感じさせる演出だ。

江戸城内の作法が大変厳しかったのも、演出の一つだ。畳の縁《へり》を踏んだだけで、大名といえども、江戸城内に留め置かれた。異常な緊張感が求められる空間だった。「面《おもて》を上げよ」と言われても、顔を上げることは許されず、将軍の顔を正視することもできなかった。まして直接話を交わすなど、あり得ない。拝謁空間で、同じ時間と空気を共有していたに過ぎない。大名や旗本でも、将軍の顔を知っている者が非常に少ないのは、このためだ。江戸城とは、将軍の御威光を身をもって体感する空間だった。

「御意之振《ぎょいのふり》」と呼ばれた文書が、徳川宗家文書の中に残されている。将軍の肉声を伝える信憑性の高い史料は少ないが、江戸城内で将軍が大名たちを謁見する時に掛ける言葉が、そこには書き留められている。これは、謁見というセレモニーのためのセリフが書かれた台本に他ならない。将軍が発する言葉は、あらかじめ決められていたのだ。

何か役職を命じる時は「念を入《いれ》て勤《つとめ》い」。大名が江戸から国元に戻る際には「在所への暇をやる、休息するように」というような言葉を掛けることになっていた。言葉は短く、いわばワンフレーズである。その方が強く印象に残るだろう。将軍の御威光が演出されている様子がよく分かる。幕政の舞台裏をうかがわせる貴重な史料だ（『徳川将軍家と会津松平家』福島県立博物館、二〇〇六年）。

たとえ江戸城に登城しなくても、人々は将軍の御威光を体感させられる。将軍が江戸城から市中に出て来るや、その御威光が一目瞭然となる演出が施されるのだ。

将軍が江戸城外に出ることを、御成《おなり》と呼ぶ。御成とは古来より、皇族や摂政・関白など、朝廷の最高実力者が外出することを意味する言葉だが、この時代は主に、将軍の外出を指す。将軍は上様《うえさま》とも呼ばれたが、「上様御成」というフレーズは、テレビ時代劇でもお馴染みだろう。

将軍が通過する道筋は御成道として、厳重な規制が敷かれた。御成道沿いの屋敷の窓や雨戸のすき間には、紙で厳重に目張りされた。将軍をはるか遠い存在にするための演出というわけだ。現場はピリピリした雰囲気に包まれる。行列に土下座するのはもちろん、当日は火が一切使えないなど、江戸の人々の生活は大きく規制された。

将軍が大名屋敷を訪問することもあったが、いざ御成となると、お迎えする大名側は大変だ。莫大な費用を投じて接待しなければならず、財政に深刻な影響を与えた。将軍の子女を当主（妻）に迎える場合も同じだ。東京大学の象徴たる赤門が、加賀百万石の前田家が十一代将軍家斉の娘を迎えるために造られた御殿（御守殿《ごしゅでん》と呼ばれた）の表門であることは有名だろう。将軍への敬意を示す一つの形なのだ。

将軍に献上される品に対しても、あたかも将軍その人であるかのような作法が求められた。例えば、将軍への献上茶を入れた御茶壺の道中に出会えば、大名といえども、道を譲って駕籠《かご》から下りなければならない。徳川ブランドを象徴する葵の力は絶大だった。葵の御紋にひれ伏す場面は、決して虚構の世界の話ではないのである。

このため、将軍の権威をふりかざした所行に、目に余るものがあったのも事実だ。御茶壺が通過する道筋の庶民などは、後難を恐れて家の戸をピシャッと閉め、通過するのをひたすら待った。童謡「ずいずいずっころばし」の、「茶壺に追われてトッピンシャン」というフレーズは、それを歌ったものであることはよく知られている。

しかし、将軍は江戸の社会にデメリットばかりをもたらしたのではなかった。将軍とゆかりがある御陰で、有形無形のメリットも数多く生まれた。江戸っ子が将軍の御膝元であることに強い誇りを持ち、優越感に浸っていたのも、また事実なのである。

実は将軍側も、江戸っ子に自分との一体感を感じさせるようつとめている。江戸っ子を氏子とする神田明神（現神田神社）や山王権現（現日枝神社）のお祭り（天下祭）の時は、神輿を担いだ祭礼行列が江戸城に入ることを許され、将軍の上覧を受けた。将軍も一緒に参加して、江戸の祭りを盛り上げたのだ。将軍に慶事があると、町人の代表を城内に招いて、能を一緒に鑑賞することもあった。こうした将軍との一体感を演出することで、江戸っ子気質が生まれ育まれていくのだ。江戸城の主である将軍の存在なくして、江戸っ子の心意気などあり得ない。

現代の東京を眺めてみると、将軍とのゆかりを伝える事物が数多く残されている。東大構内の三四郎池は、前田家が将軍の御成をお迎えするため造成した庭園の池だった。都営地下鉄三田線の御成門という駅名も、増上寺の将軍家霊廟《れいびょう》に建立された、御成を迎えるためだけの御成門に由来する。新潮社のある東京都新宿区の矢来《やらい》町という町名は、将軍の訪問を受けた小浜《おばま》藩酒井家が、将軍を守るために設けた竹矢来から生まれた。

将軍との由緒をアピールした寺社の数も実に多い。現代でも時代の有力者との由緒は重要な観光資源だが、この時代は将軍が参詣すると箔が付き、ステータスが高まったのだ。寺社に限らず、将軍が訪れただけで、はたまた葵の紋所が付いたものを拝領するだけで、訪問地の評判は高まり、大きな経済効果がもたらされた。集客効果は抜群で、川崎大師はその最たる例だ。現在、明治神宮、成田山新勝寺とともに、初詣の人出のベスト3にランクされるまでになったのは、将軍家斉が厄除《やくよ》けのため参詣したからに他ならない。このため、寺社による将軍の誘致合戦はすさまじかったようだ。

将軍との関係にメリットを見出す動きは活発だったが、それが御威光を支えてもいた。このメカニズムの上に、江戸の社会は成り立っていたのである。江戸という大舞台の主役たる徳川将軍家は、江戸っ子という観客の眼に、どのように映っていたのか。そして、どのようにして、その御威光は江戸っ子の心に入り込んでいったのか。水戸黄門の印籠に象徴される葵の威力（魔力）、徳川将軍家の御威光のメカニズムを解き明かしていく。

なお、本文中引用した史料は、読みやすくするために、適宜、送り仮名や濁点、句読点などを補った場合がある。

第一章　シュリーマン、将軍を発見

一　徳川家茂、江戸城を進発

強運の四泊五日

トロイア遺跡の発見者として名高いハインリッヒ・シュリーマンは、幼い頃からの夢を実現した人物として紹介されることの多い人物である。彼はかなりの強運の持ち主だ。だが、そのシュリーマンが、幕末に日本を訪れていることはあまり知られていない。

欧米での様々な事業により巨富を築いたシュリーマンは、元治元（一八六四）年、彼が四十二歳の時に、長年の商業活動から身を退いた。いよいよ、幼い頃からの夢であったトロイア遺跡の発掘に取り組むのだが、その直前、一年以上にもわたる世界周航の旅に出ている。中国には二ケ月ほど滞在し、万里の長城も見学した。中国旅行の後、アメリカに向かうが、その途中、日本に立ち寄っている。

イギリス駐日全権公使を勤めたオールコックの『大君《たいくん》の都』をはじめ、外国人による日本滞在記は、既に欧米で刊行されていた。好奇心あふれるシュリーマンも、日本には強い関心を持っていたようだ。シュリーマン自身、この時の日本と中国の旅行記を、慶応三（一八六七）年に刊行する。この旅行記は、幕末の江戸を知ることのできる貴重な見聞録となっている（「シュリーマン日本中国旅行記」『新異国叢書』第Ⅱ輯6〔藤川徹解説〕、雄松堂書店、一九八二年）。

一ケ月ほどの日本滞在期間中、シュリーマンは江戸観光（四泊五日）を大いに楽しんだ。外国人旅行者の東京観光の定番浅草寺には、二日間連続で訪れ、境内の催し物を堪能した。江戸北郊に位置する王子の料理茶屋では、高級会席料理に舌鼓を打っている。

あるいは、横浜から馬を飛ばして、養蚕・絹織物の産地として知られた八王子宿を訪れている。当時、日本の主力輸出品であった生糸は、関東各地から八王子に集められ、開港地横浜に向けて大量に送られた。そのため、横浜〜八王子間の街道は、日本のシルクロードとしての役割を果たしていた。

しかし、何と言っても、シュリーマンの強運ぶりを示す象徴的な出来事は、将軍の姿を、その目で直接見られたことだ。時の将軍は、十四代の徳川家茂《いえもち》である。

慶応元（一八六五）年四月十八日、幕府は二度目の長州藩征伐（長州戦争）のため、家茂が上洛する旨を布告した。既に三度目だった。家茂が江戸城を出陣したのは、それから約一ケ月後の五月十六日のことである。

同じ月の十一日、シュリーマンは横浜に上陸し、居留地のホテルに入った。その直後、家茂が東海道を通過するという知らせが横浜の居留地に飛び込んできたのだ。

木立から覗かれた大君

将軍が東海道を通過するという知らせを受けた時の記事から見てみよう。

六月七日（慶応元年五月十四日）と同八日に、政府は横浜に見慣れぬ印刷物を配布し、また街路にたてられたたくさんの日本の立札に貼り紙し、大君（俗界の皇帝）（徳川家茂）が多数の随員とともに、この十日（同五月十七日）に東海道（大きな街道）を経て、大坂にむけて天皇（聖界の皇帝）――大君は皇妹（和宮）と結婚していた

――を訪問すべく、江戸を出発する旨が通告されてあった。そして同時に、大いなる災禍を避けるために、行列の通過にさいしては外国人の参列を禁止することを要請していた。日本人に対しては、東海道に面しているすべての店の戸口を閉めるように厳命が下されていた。そしてその行列が完全に通過してしまうまで、家に留まっていることも命じられていた。ところが、六月九日、横浜のイギリス総領事は日本政府の内閣から首尾よく許可をとり、外国人たちが横浜から四マイル地点で、また東海道から少し離れたところにある木立の繁みに位置して、その行列を見ることができることになった。わたしはその地域を詳しく観察するために、歩いて指定された場所へ行った（「シュリーマン日本中国旅行記」）。

五月十四日（太陽暦では六月七日）と翌十五日、幕府は横浜の外国人居留地に対して、十七日に将軍家茂が東海道を通過すると通告した。それに伴い、外国人が将軍の行列を見物するため街道に出てこないよう要請している。「大いなる災禍」、つまり行列と外国人がトラブルを起こすのを非常に恐れていたわけだが、生麦事件が念頭にあったことは言うまでもない。

わずか三年前の文久二（一八六二）年八月二十一日、東海道神奈川宿近くの生麦村において、薩摩藩主の実父島津久光《ひさみつ》の行列を遮ったとして、行列を守護する薩摩藩士がイギリス人を殺傷する事件が起きていた。多額の賠償金支払いなど、生麦事件の後始末にさんざん苦しめられた幕府が、その再来を極度に恐れたのは当然のことだった。

一方、行列が通過する街道筋の家に対しては、戸を閉めて、通過するまで家の中で静かに待っているよう命じた。現代人の目から見ると、不思議この上ない対応だが、これは将軍の行列が通過する際の作法の一つだった。

しかし、居留地の外国人は行列の見物を強く希望した。当時の日本人でさえ、将軍の顔を見知っている者はほとんどいない。当然、外国人の関心は高かっただろう。見るなと言われれば、見たくなるのは人情だ。

そこで、その総意を受けて、イギリス総領事が幕府に掛け合った結果、前日の十六日になって、街道筋から少し離れた場所での拝見が特別に許可された。トラブルの危険性もあったが、将軍の姿を外国人にも見せることのメリットの方を幕府は重視したわけだ。幕府の対外向けメディア戦略の一つと言えるかもしれない。

その場所とは、横浜から四マイル（約六・四キロメートル）も行ったところだった。東海道保土ケ谷宿の手前である。ちょっと遠いため、横浜から馬で向かった外国人もいたが、シュリーマンは横浜周辺の田園風景を楽しみながら、指定場所まで歩いていった。

色黒で端正な騎馬姿

五月十六日朝、陣羽織に小袴という姿の家茂は、中軍を率いて江戸城を出陣した。その人数は三千八百七十二人、馬百五十九疋という大部隊だった。既に、先鋒（一番隊）の一千人余が、同月五日に江戸を出陣。その後も、続々と江戸を出陣しており、東海道は京都に向かう数万の軍兵でごった返していた（小寺玉晁《こでらぎょくちょう》編『連城紀聞』一、東京大学出版会、一九七四年覆刻版）。家茂は品川の東海寺で昼食を取った後、大森、蒲田を経て川崎で宿泊した。どうも、家茂は川崎大師を本陣にしたらしい。第六章でみるように、川崎大師は将軍と縁の深い寺である。

翌十七日、家茂は川崎を出発し、生麦村で休憩を取った。昼食を取ったのは、次の神奈川宿だった。そして、その夜の泊りの保土ケ谷宿に向かい、その途中、シュリーマンら横浜居留地の外国人に目撃されたのである。

わたしは一時間半ほど歩いて、大君の行列を見物するために外国人に用意された件《くだん》の木立の繁みに着いた。すでにそこには百人ばかりの外国人と、その監視のために三十名ばかりの警吏が参集していた。それからさらに一時間半ほど待つと、行列が通過し始めた。（中略）かくして、ついに大君（俗界の事実上の皇帝）が、他の馬のように蹄鉄を打たずに麦藁のサンダルをつけた立派な栗毛色の馬に乗って登場した。大君（陛下）は二十歳位に思われた。王者にふさわしく幾分色黒の端正な容貌の持主であった。この君主は金糸の刺繍で縁どられた白い衣裳を纏い、黄金箔の施された漆塗りの帽子を被り、二本の刀を差していた。さらに、二十人ほどの白い衣裳を着けた貴顕者の一団が大君を護衛し、行列の殿《しんがり》をつとめていた（「シュリーマン日本中国旅行記」）。

シュリーマンは、一時間半ほど歩いて指定場所に到着した。既に百人ほどの外国人と、警備の幕府役人が三十人ほど集まっていたが、なかなか行列はやって来なかった。さらに一時間半ほど待って、ようやく行列が通過しはじめた。ついに、シュリーマンらの前に、家茂がその姿を現した。

この年、数えで二十歳になったばかりの家茂は、栗毛色の馬に乗っていた。シュリーマンによれば、多少色黒だが、端正な顔立ちだったという。残念ながら、慶喜を除き、将軍の写真は残っていないが、家茂の肖像画を見ると、鼻筋の通った顔立ちだ。典型的な殿様顔だったのだろう。

家茂は金の刺繍が施された白地の陣羽織を着用。頭には、黄金箔の施された漆塗りの帽子（金箔の陣笠）を被っていた。その周りは、同じく白地の陣羽織を着用した二十人ほどの騎馬の武士が固めていた。

今回の上洛では、家茂の馬上の姿が目撃されることが多かった。それまでとは全く異なり、幕府側には、将軍の姿を内外に見せようという思惑があった。

名古屋城下でも家茂の目撃談がある。家茂が名古屋城下に入ったのは、閏五月十一日。この時、尾張藩重臣大道寺《だいどうじ》家の家臣小寺玉晁も、家茂その人を目撃している。

玉晁によれば、家茂は色白の顔をしており、少しアバタがあった。二十歳にしては大ぶりな体格だったという（『連城紀聞』）。シュリーマンの目には色黒と映っていたわけだが、白人の眼にはどうしても色黒に映るということだろうか。しかし、同じ日本人から見れば、城内奥深く大切に育てられた将軍は、色白に見えたのであろう。いずれにせよ、貴重な証言だ。

ちなみに、家茂の肖像画には、目鼻が極端に大きく描かれた、やや前屈みになっているものが有名だが、元旗本の川村清雄が維新後、勝海舟の依頼で描いた油彩画がある。川村が家茂の顔を知っていて描いたのか不明だが、それを見ると、確かに端正な上に、かなり恰幅がよい（『徳川将軍家と会津松平家』）。

家茂の前後左右には、騎馬の武士が固めていた。いわば影武者のように、家茂と同じ服装をしていたため、金箔の陣笠に気が付かなければ、家茂とは分からなかったという（野口武彦『幕末気分』講談社、二〇〇二年）。

この時、行列見物にやって来たのは町人だけではない。人目を忍んで見物に来た「帯刀之向」、つまり尾張藩士も多数見られたという。将軍の姿をじかに見られることなど、普通ではとてもあり得なかったことは、御三家筆頭の尾張徳川家家臣とて同じだった。

幕府の錦絵戦略

将軍の姿を直接見られる者はきわめて限られていた。というより、将軍の存在を限りなく遠いものにする。つまり、その姿を見せないことで、将軍の権威（御威光）は保た

図1　朝霞楼（歌川）芳幾画「末広五十三次　程ヶ谷」（『錦絵 幕末明治の歴史③ 動乱の幕末』講談社より）

れていた。その点で言うと、今回の上洛で将軍の姿を意識的に見せていることは、これまでの方針（先例）からの大転換なのだ。江戸の人々にとり、将軍の姿をじかに見られるというのは、まさに驚天動地の出来事に他ならない。一目見ようと、行列先に押しかけていく。

ところで、シュリーマンら外国人が行列を拝見している様子が、「末広五十三次程ケ谷」というタイトルの錦絵（朝霞楼《ちょうかろう》芳幾《よしいく》画）に描かれている（図1）。シュリーマンが言う木立の繁みで、外国人が遠眼鏡を使って行列を拝見するという構図である。シュリーマンの描写が彷彿としてくるような絵だ。

この錦絵は保土ケ谷宿を取り上げたものだが、日本橋（二代目歌川国貞《うたがわくにさだ》画）をはじめ、他の宿場を描いたものもある。東海道を経由して将軍が上洛する様子を描いた錦絵は、「上洛東海道」と呼ばれた。

初代歌川広重が天保四（一八三三）年に発表した「東海道五拾三次」の大ヒットを契機に、東海道の名所を描いたいわゆる東海道物が一大ブームとなる。歌舞伎役者の似顔絵と名所を取り合わせた「役者東海道」、美人と名所を取り合わせた「美人東海道」などが次々と出版された。「上洛東海道」もそのシリーズだが、他の東海道物とは異なり、幕府の命により描かれたものだった。

実は、将軍の行列が最初に描かれたのは、文久三（一八六三）年のことだった。この年の三月、家茂ははじめて上洛している。将軍の上洛としては、寛永十一（一六三四）年の三代将軍家光以来、実に二百年ぶりとなった。

陸路（東海道）での上洛は、莫大な費用が掛かり、助郷《すけごう》役の賦課など街道筋にも多大な負担を掛けてしまうため、当初軍艦での上洛が計画されていた。ところが、その頃、生麦事件の賠償金支払いを求めて、イギリス軍艦が大挙、横浜港に向かいつつあった。

海路での上洛を危惧する空気も、大奥を中心に強かった。結局幕府は、東海道経由の上洛に急遽変更している。

最初の上洛の際、幕府は浮世絵師として江戸で大変人気のあった二代目（あるいは三代目）歌川豊国一門の絵師を十六名も随行させ、将軍行列の様子を描かせた。費用は幕府持ちで、手当ももらえた。毎日、鰻が出されるという至れり尽くせりの公務だった。こちらの意図通りに、気分良く描いてもらおうという幕府の思惑が見える（福田和彦『東海道五十三次将軍家茂公御上洛図』河出書房新社、二〇〇一年）。

幕府としては、錦絵の出版を通じて、全国に将軍の御威光を再認識させようという目論見があった。将軍の上洛という一大イベント自体に、そうした意図があったことは言うまでもない。豊国一門の浮世絵師は、いわば従軍記者として、幕府のメディア戦略に動員されたのである。だから、この錦絵は、メディア・リテラシーの視点からも読み解く必要があろう。必ずしも、事実そのものが描かれているわけではないのだ。

シュリーマンが目撃した今回の上洛に際しても、再び豊国一門の絵師が動員され、将軍の行列に随行した。図1を描いた朝霞楼（歌川）芳幾は、前回の上洛でも動員された絵師の一人である。

この錦絵を通じて、将軍の強大な軍事力（武威）を再認識するとともに、外国人まで行列を拝見していることを知った人々は、将軍の御威光が外国人にまで及んでいると感じたことだろう。それこそ、幕府が錦絵を通じて伝えたかったメッセージなのである。

二　軍事演習の大パレード

熱気と興奮に包まれた御成

将軍家茂は今回の上洛に先立ち、三回にわたって、幕府軍の演習を駒場野（現目黒区）で見ている。駒場野の地は、平時は将軍の鷹狩りの場として用いられた。

この時、将軍がわざわざ軍事演習場に姿を現したのは、目前に迫った長州戦争を踏まえ、幕府軍の士気を高めることに狙いがあった。ところが、慶応元年五月三日に実施された三度目の演習は、八百八町を異常な熱気と興奮に包み込んだ。

次章で見ていくとおり、将軍の行列（御成）が通る道筋は、たいへん厳しい規制が敷かれた。そのため、後難を恐れて「トッピンシャン」の状態であり、道筋に出てくる者はあまりいなかった。たとえ将軍の行列を拝見したとしても、将軍の姿を仰ぎ見ることは許されなかった。行列が通過するまで、ただ畏まって土下座しているだけだった。日本を訪れた外国人の眼にも、そうした異様な雰囲気のなか、将軍の行列が江戸の町を通過する光景は興味深く映った。

しかし、この五月三日に限っては、従来の規制が大幅に緩められた。その結果、江戸の人々も、比較的自由なスタイルで、将軍の姿をじかに見ることが許されたようだ。これは江戸中の大評判となり、一目見ようと、見物人が行列の道筋（御成道）に大挙押し掛けていく。

その時の将軍の着衣をスケッチした者まで現れた。普通なら、こうした行為はとても許されなかっただろう。スケッチしたのは、下野佐野藩堀田家の飛地であった近江国堅《かた》田《た》（現滋賀県大津市）で村役人を勤める錦織《にしこおり》五兵衛《ごへえ》という農民だった。

五兵衛は折しも、この年の三月十七日、村に新規賦課された助郷役の免除を道中奉行に願い出るため、江戸に出府してきたところだった。道中奉行とは、街道に関する事柄を所管する幕府の奉行であり、大目付と勘定奉行から一人ずつ兼任するのが慣例だった。五兵衛が嘆願書を提出したのは、道中奉行を兼務する勘定奉行井上清直《きよなお》の方である。

いろいろ嘆願した結果、四月十五日に、免除願は聞き届けられた。五兵衛が江戸を出立して堅田に向かったのは、それから一ケ月以上も経過した五月二十五日のことだが、その間、将軍の姿を拝見するという巡り合わせだった。五兵衛も、強運の持ち主だ。
家茂は既に二度（三月二十五日と四月二十一日）、駒場野に出向いていた。その時の江戸の様子を、五兵衛は次のとおり記している。駒場野御成を翌日に控えた三月二十四日の記事だ。

明廿五日、御公辺、麴町通を御通行に付き、家々窓々、目張致し居り候事（「東武日記」『日本都市生活史料集成二』三都篇Ⅱ、学習研究社、一九七七年）。

将軍御成の時、道筋の家々の窓は、紙で目張りするのが決まりだった。将軍をはるか遠い存在にするための処置だが、これなども外国人の眼には異様に映った。当日、家茂（「御公辺」）は麴町を経て、演習場の駒場野に向かったため、麴町通りの家々が目張りを命じられたわけだ。
四月二十一日の時も、目張りを指示されたが、五月三日の場合は違ったようである。

何万億兆の拝見人

当日、家茂は前回と同じく、麴町を経て演習場の駒場野に向かったが、早朝から、その行列を見物しようと、物凄い人数が道筋に集まってきた。五兵衛もその一人だ。

三日朝早天より、五兵衛、赤阪(坂)見附外玉川稲荷社の前にて拝見す。尤も拝見人数、何万億兆と云ふ事をしらず。実に大変の見物なり(「東武日記」)。

当時、五兵衛は平河町(現千代田区)の公事宿《くじやど》川越屋文左衛門方に投宿していたが、赤坂見付御門外の玉川稲荷社の前で、馬上の家茂の姿を拝見している。「何万億兆」というのは余りに大げさだが、物凄い人出であったことがよく分かる描写である。

図2は、五兵衛のスケッチである。金の陣笠を被っていた家茂は、白地の陣羽織を着用していた。背中には、「葵」と金糸で刺繡されており、まさしくシュリーマンが保土ケ谷宿近くで見たのと同じ陣羽織だ。家康以来の金扇《きんせん》の馬印も掲げられていた。

さて、将軍が江戸城から出かけることは「御成」と呼ばれたが、帰城するのは「還御《かんぎょ》」と称された。五兵衛は、還御の様子も見物している。

七ツ時より、大樹公還御拝見に、福嶌様・丁子《ちょうじ》や・五兵衛三人、赤阪（坂）御見附行き当り風呂屋宅へ御供し、同二かいへ上り候処、夥敷《おびただし》く人々群集す、碁抔《など》も打つ人あり。そば并《ならびに》すし等喰す。夫《それ》より下にて拝見す。何とも見物人夥敷く、山王祭り之人を何百倍と云ふ事をしらず。馬にて大炮《おおづつ》小炮《こづつ》を引かす（「東武日記」）。

午後四時（七ツ時）に、五兵衛は、今回の助郷役免除一件で世話になった佐野藩郡奉

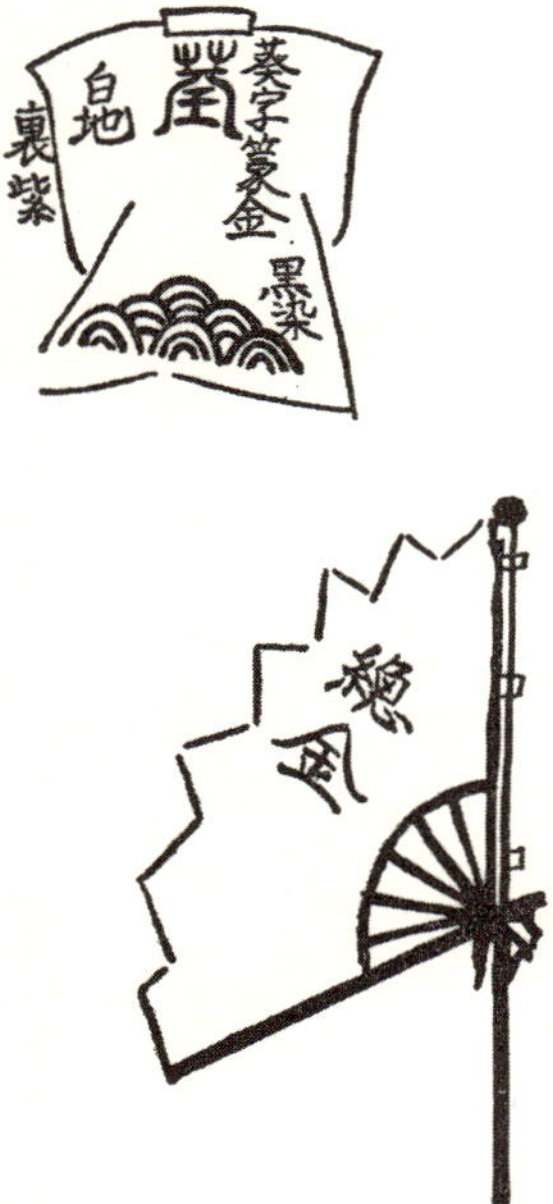

図2　白地の陣羽織（上）と金扇の馬印（『日本都市生活史料集成二』三都篇Ⅱ　錦織五兵衛「東武日記」より）

行所元締役の福嶌そして丁子屋金右衛門と三人連れで、赤坂見付御門突き当たりの風呂屋（湯屋）に入っていった。二階は将軍（大樹公）の還御を拝見しようと集まってきていた人々で、既に満杯状態だった。

将軍が江戸城外に出る時は、行列の道筋の風呂屋は休業しなければならない。火事が起きることへの懸念からだが、この日も当然、道筋にあたる赤坂御門周辺の風呂屋は、休業を余儀なくされただろう。風呂屋だけでなく、「煙止め《けむど》」ということで煮炊きもできなかった。そのため、御成当日、道筋にあたる住民は日が出る前の暗いうちに、煮炊きを済ませなければならなかった。

江戸の町には、一つの町に一つぐらいの割合で風呂屋があった。その二階は、風呂から上がってきた浴客や近隣住民（江戸っ子）の溜り場となっていた。その客を目当てに、寿司や菓子などが売られた。二階は割合広く、囲碁や生け花の稽古場としても用いられた（喜田川守貞「守貞謾稿」『近世風俗志』四、岩波文庫、二〇〇一年）。

五兵衛らが入った風呂屋の二階も、同じようなものだった。五兵衛らも、蕎麦や鮨を食べながら、将軍が駒場野から戻ってくるのを待った。行列がやって来ると、一階に降りて将軍の姿を拝見した。さすがに、二階から見下ろすことは許されなかったのだろう。

還御の行列の見物人も、物凄い数だった。これも大げさだが、山王祭の人出の何百倍だった。山王祭とは山王権現の祭礼のこと。神田明神の祭礼（神田祭）と並んで、天下祭と称され、江戸随一の人出を誇った。還御行列の見物人は、それを遥かに上回るぐらいの人出だったというのだ。誇張があるとはいえ、その人出が半端なものではなかったことがよく分かる。

江戸っ子の間での将軍の人気ぶりが、浮き彫りにされた格好だ。幕府の狙い通りだった。家茂が江戸城を出陣した五月十六日にも、五兵衛は将軍の姿を拝見している。

五兵衛は、江戸城に帰っていく家茂の着衣もスケッチしている（図3）。帰城する時、家茂は黒ラシャの陣羽織姿だった。赤ラシャの陣羽織を着用した御使番の背中には、五の字が縫い付けられていた。使番であることの目印だ。行列の先払いを勤める御先手も、赤ラシャの陣羽織を着ていた。背中に描かれていたのは、大相撲の行司が持つような軍《ぐん》配団扇《ばいうちわ》である。御先手は白扇《はくせん》を持っていたが、次章で見るとおり、白扇は先払いの代名詞だった。

三日月（銀色）の指物《さしもの》は、金扇の馬印と並んで、徳川家のシンボルだ。講武所とは、幕府の軍事学校である。木綿製で薄黄色の陣羽織を着用した五百人というのは、西洋式

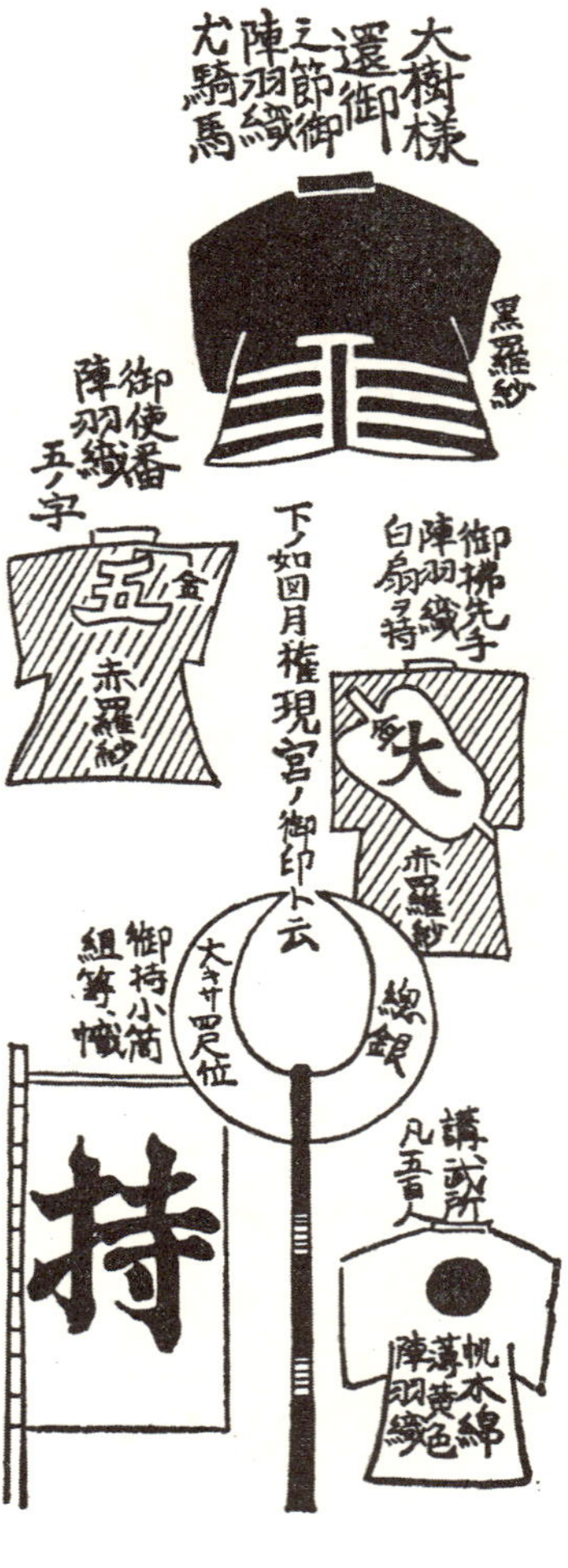

図3　大樹様還御の時の陣羽織など（『日本都市生活史料集成二』三都篇Ⅱ　錦織五兵衛「東武日記」より）

の調練を受けた幕府の歩兵隊のこと。将軍護衛用の鉄砲を携帯する御持小筒組の幟《のぼり》もスケッチされている。

御成（還御）行列の光景が鮮やかに浮かび上がってくるスケッチだが、肉眼のみでスケッチできたとは考えにくい。今回の御成については、格段に自由なスタイルで、将軍の姿を見ることが許されたとはいえ、行列の道筋は御成（還御）道ということで、行き帰りとも、びっしりと警備の武士で固められていた。物凄い見物人でもあった。家茂と五兵衛の間は、かなり距離があったと見るのが自然だろう。

そうした事情は、保土ケ谷で将軍を見たシュリーマンら外国人の場合にもあてはまる。よって、錦絵にも描かれたように、遠眼鏡を使ったわけだが、五兵衛も遠眼鏡で見ながらスケッチしたのではないだろうか。この頃、江戸の観光名所や東海道筋の茶屋には、観光客用として遠眼鏡が用意されていた。

初めて見上げた将軍様

慶応元年五月三日の大パレードは、江戸城出陣を目前にして、幕府の軍事力、すなわち将軍の権威をお膝元の江戸市民に改めて見せ付けようというきわめて政治的なパフォーマンスだった。かなり自由なスタイルで行列の拝見を許し、軍装姿の将軍まで見せるという異例ぶりも、そうした意図に基づくものだ。本来ならば目にする機会はない将軍の姿を見られた江戸っ子にとっては、まさに衝撃的な一日だったろう。

江戸の木綿問屋の家に生まれ、日本の紡績業界で大きな足跡を残した鹿島萬兵衛にとっても、記憶に残る一日だった。当時十七歳だった萬兵衛は、その時の様子を次のとおり回顧している。

　慶応元丑年五月、十四代家茂公、長州追討御進発数日前、駒場ケ原に勢揃への御成ありし時は、これまでの制規一変し、我々は青山宮様御門前にて、始めて御見上げ申せしなり。この時は、普通大名が参勤交代の砌《みぎり》、海道筋にて出逢ひたるくらゐのことなりし（中略）駒場より還御の時は、真つ先きは歩兵隊にて、蘭式ならん大太鼓を胸に当たる人一人、小太鼓は肩より釣り下げ二人、横笛二人、指揮官は韮山《にらやま》笠《がさ》・筒袖の陣羽織にだん袋、両刀を差し、手に鞭を持ちて先きに立ち、その後に笛太鼓の楽隊、ヒウヒヤラドンド、ドンドコ、ドン〳〵ヒウヒヤラ、ドドンと奏しながら、引き続き同様の歩兵数隊続いて、旧式の陣太鼓を負はせ、太鼓・法螺貝《ほらがい》にて、ドンカドンカドン〳〵ドンカブウー〳〵〳〵と吹き立て、鎗《やり》を下げ列をなし、数百徒歩なり。御先乗騎馬続いて、将軍家茂公、裏金の陣笠に、黒羅紗の陣羽織に白にて葵といふ字を縫紋せるを召し、騎馬にて、威風凜々とうたせ玉ふ。御馬に付き添ひの徒士《かち》も少なからず。御馬の尻辺に、徒士にてお付き添ひ申せるは、有名の剣客榊原健（鍵）吉氏なりといひ、伊庭《いば》軍兵衛なりしともいへり。その後にも、夥しき御人数にて、弓組・大砲もありしやに記憶せり（鹿島萬兵衛『江戸の夕栄』中公文庫、一九七七年）。

萬兵衛は、錦織五兵衛が見物していた赤坂御門とは目と鼻の先の青山で、還御の家茂の姿を目撃している。この時の行列拝見の作法は、従来の作法とは全く異なり（「これまでの制規一変」）、参勤交代の大名行列に遭遇した時の作法ぐらいで済んだという。土下座もせず、立った（座った）まま拝見することが許されたと言ったところだろう。江戸御府内の場合、徳川姓の御三家・御三卿は別として、一般庶民が大名行列に出会ったとしても、土下座する必要はなかった。同じく鹿島萬兵衛の回顧から見てみよう。

御府内諸侯方の行列は、御三家（尾張・紀州・水戸）御三卿（田安・清水・一ツ橋）のほか、路傍の者に下に居れと下坐はさせぬなり。それゆゑ、百万石も痃癖《けんぺき》もすれ違ふたる江戸の春、と何やらの本に誌《しる》されしごとく、加賀様でも按摩でも同格なり。その癖、加賀侯の奥方は下に居れなり。これは、将軍様の御娘御守殿なればなり（『江戸の夕栄』）。

御三家・御三卿以外の大名は、江戸では「下に、下に」という言葉を使って、沿道の人々を土下座させられなかったのだ。加賀百万石前田家にしても事情は同じだが、奥方は、その言葉を使って土下座させることができた。将軍の娘だからだ。藩主前田斉泰《なりやす》に嫁いだ十一代将軍徳川家斉の娘溶姫のことであり、東大赤門を表門とする御守殿の主である。

江戸は参勤交代制度により、全国の大名が集まってくる都市だ。行列が通るたび、一々土下座してはいられない交通事情もあったろう。だが、この差別化が、徳川ブランドの確立には大きな役割を果たす。

大名であっても、御三家などに出会ってしまった場合、駕籠からおりる決まりだった。しかし、実際には御三家の駕籠と出会ってしまいそうな場合は、わざと道を変えるなどしたという。御三家の行列とトラブルを起こすのを恐れたわけだが、プライドが許さなかったというのが正直なところだろう。

萬兵衛の耳には、行列の先頭を行く歩兵隊が演奏する笛や太鼓の音が、印象深く残った。それは洋風の鳴り物だったが、陣太鼓や法螺貝といった日本式の鳴り物まで聞こえた。兵器だけでなく、音の面でも和洋混成の部隊だった。

そして、将軍の先払い（「御先乗騎馬」）がやって来た。五兵衛がスケッチした御先手のことだろう。その後、家茂が萬兵衛の前に姿を現したが、黒ラシャの陣羽織には、葵という文字が白の糸で刺繍されていたという。五兵衛のスケッチにはなかったが、書き漏らしたのだろうか。家茂の馬の周りを固める者としては、幕末の剣客として名高い直心《じきしん》影流《かげりゅう》の榊原鍵吉や心形刀流《しんぎょうとうりゅう》の伊庭軍兵衛がいたことも、萬兵衛の記憶から判明する。

三　将軍の勿体なさ

誰のおかげで江戸安穏

江戸市中が前代未聞の将軍パレードに沸き立っていた頃、日本橋の町人たちは早朝から、江戸城数寄屋橋《すきやばし》御門近くの南町奉行所に呼び出された。現在のJR有楽町駅の近くにあった。北町奉行池田頼方立会いのもと、南町奉行根岸衛奮《もりいさむ》が次のように申し渡した。

近年海岸防禦之御手当筋、幷びに御本丸《ほんまる》・西丸共、度々之御普請、其上、去る亥

年（文久三年）以来両度之御上洛、其外挙げて、算じ難き御用途相続き候折柄、尚又、今般御進発に付いては、莫太之御入用高に付き、御融通之ため、江・坂幷びに御料所、百姓町人之内、身柄相応之もの、且つ諸寺院等に至る迄も、御用金仰せ付けらるべき旨、仰せ出され候、就いては、御城下に安住し、家業相続致し候に付き、御国恩之程相弁え、先年より御用金差し出し、又は上納金等相願い候者もこれあり候えども、此度之義は是迄と訳違い、実に以って容易ならざる御入用筋に付き、其身之家業、余沢を以って安楽に暮し候迚《とて》、右様之御時節柄、聊《いささか》之御奉公筋をも勤めず、徒《いたず》らに打ち過ぎ候は、勿躰《もったい》なき義にこれあり、其方共義、身上向手厚之趣は、常々相聞こえ候義に付き、冥利之程相弁え、何様にも繰合致し、際立つ出精致すべく候、其品に寄っては、出格之御賞誉もこれあるべく候、尤も金高・納方等之義は、町年寄共へ申し渡すべく候。

但し、此度仰せ付けられ候御用金之義は、来寅年（慶応二年）より十ケ年に割合、御下げ戻しに相成り候間、其旨を存ずべし。

丑五月（鈴木棠三・小池章太郎編『近世庶民生活史料藤岡屋日記』第一二巻、三一書房、一九九三年）

当時、幕府の財政は度重なる臨時出費により、破綻寸前だった。異国船来航に備えた海岸防衛の費用、炎上焼失した江戸城本丸・西丸の再建費用。文久三年以来、二度にわたった将軍上洛の費用など、計算できない出費の連続だった。

将軍の住む本丸御殿などは、安政六（一八五九）年に焼失して、万延元（一八六〇）年に再建されたばかりだった。ところが、三年後の文久三年にまた焼失してしまう。結局、再建できず、家茂は西丸御殿に仮住まいの状態が続いていた。同年の二度目の上洛は軍艦が使われたものの、危機的な財政状況に変わりはなかった。それにも拘らず、今回長州戦争のため、将軍が上洛することになり、またまた莫大な金が必要となったのだ。

よって、江戸、大坂そして全国の幕府領（「江・坂幷びに御料所」）に住む町人、農民のうち、裕福な者や寺院に対して、御用金つまり軍費の負担を求めたのである。そして、御用金を差し出さなければならない理由が、江戸の町人に対しては、次のとおり説明されている。

「その方どもが、江戸城下に安住し、家業が続けられるのは、将軍様のお陰である。その御恩を弁えて、既に御用金を差し出したり、上納金を願い出る者もみられるが、今回の御入用は、これまでとは訳が違う。戦費調達という容易ならざる御入用の筋だ。将軍様のお陰で安楽に暮らしていけるのに、こうした時、少しの御奉公もしないのは、将軍様に対して勿体ないことではないか。その方どもの裕福ぶりは、常々聞いている。よって、何としても御用金を都合せよ。各自が納めるべき金額や納入方法は、町年寄に申し渡しておく。御用金の返済は、来年から十ケ年の予定である」

要するに、将軍のお陰をもって、お膝元の江戸で安穏に暮らせる御恩返しとして、軍費の調達に進んで協力するよう促しているわけだ。御用金の対象は江戸全体だったが、日本橋と言えば三井越後屋をはじめ、江戸の大商人が集中している。当然、その財力への期待は大きく、日本橋地域の町人には、奉行自ら説得に当ったのである。

幕府の本当の思惑

幕府や諸大名は、財政危機に陥った時、あるいは新規の行政費を捻出するため、領民に御用金の出金を命じることがあった。民間の資金を強制的に借り上げ、国家の歳出に充てたのだ。出金額は、幕府、大名の方から指定した。

御用金は上納金（献金）とは異なり、返済されるのが決まりだった。低利ではあるが、利息を付けて償還されるため、いわば国債のようなものだった。

しかし、財政悪化を背景に、償還は遅れ気味となり、幕末には事実上、上納金と同じようなものになった。領民から見れば、踏み倒されてしまったわけである。貸し倒れになった金額はよく分からないが、江戸から明治にかけ、御用商人の大半が零落してしまったことからも、莫大な金額だったことは想像するにたやすい。

幕府が最初に御用金を命じたのは、宝暦十一（一七六一）年のことである。天下の台所である大坂町人が対象だった。米価の低落を受け、市場から米穀を買い上げて米価上昇をはかるための資金を調達したのだ。江戸の場合は、文化三（一八〇六）年が最初だ。だが、御用金が命じられる間隔は、次第に短くなっていった。

幕府は今回の長州戦争で、何と四百三十七万両余も出費している。その過半は、動員される旗本や御家人への手当だった。幕府軍は慶応元年閏五月に、大坂城に入っているが、実際に開戦となるのは翌二（一八六六）年六月だった。一年以上も大坂城に滞陣していたことになる。

同じ月、老中稲葉正邦が幕府の高級役人を集めて申し渡したところによれば、大坂滞在中の旗本、御家人への手当だけで、毎月十八万両も掛かり、開戦前に、何と幕府は三百万両も出費していたという。全軍費の約七割だ。人件費がいかに大きなウェートを占めていたかがよく分かる（大山敷太郎「幕末の財政紊乱」『幕末経済史研究』有斐閣、一九三五年）。

しかし、このような莫大な特別支出を賄うだけの余裕は、幕府には全く残されていなかった。よって、御用金という形で、江戸の富裕層から軍費を集めようとしたわけだが、猛反発を受けるのは火を見るよりも明らかだった。

つまり、その反発をできるだけ抑えて、御用金をスムーズに集めるため、五月三日という日が選ばれたのだろう。この日は、出陣の前夜祭とも言うべき将軍の江戸パレードという大デモンストレーションが敢行されようという日である。将軍様万歳の空気を一気に高めたところで、御用金を命じたのだ。まさに絶妙のタイミングだった。江戸の人々を熱狂させたパレードの裏には、幕府の様々な思惑が込められていたのである。

断りきれない御用金

幕府が江戸の富裕層から集めようとした御用金額はよく分からないが、天保期以降、江戸の町は約三十年の間に、平均五年に一回ぐらいの間隔で、御用金を命じられた。だからこそ、将軍の御威光を誇示する大軍事パレードと抱き合わせで、御用金令が出されたのだろう。それだけ、幕府も必死だった。

御用金集めを担当したのは、町奉行所の与力だったが、その姿勢は非常に厳しかった。さらに、各自の金額は担当与力への賄賂次第で決まるという風評も、江戸市中には流れていた。当然金額は不公平なものとなり、不満は充満していった。

戦争となれば、物価が上昇するのはいつの世も同じだ。この時もそうだが、今回の御用金令は、外国貿易などを要因とする物価の上昇に拍車を掛けた。江戸は不穏な状況に陥り、担当与力の不正を糾弾する訴状も投げ込まれた。

現在も日本橋に店を構える山本山は、元々宇治茶を扱う商人だった。お茶壺道中で将軍に献上されたのは、宇治産のお茶である。当主は山本嘉兵衛を代々世襲したが、海苔を販売するようになったのは、意外にも戦後に入ってからだ。江戸城本丸・西丸、御三卿、寛永寺などの御茶御用を勤め、六代目嘉兵衛は玉露茶を発明した人物でもある。

山本嘉兵衛も、この時奉行所に呼び出され、御用金を命じられた一人だ。町奉行所から一千五百両を納めるよう命じられた嘉兵衛は、十二日に奉行所に出頭し、承諾する旨を申し上げた。ところが、先日の数字は見込み違いであったとして、いきなり一万両に引き上げられた。

さすがに嘉兵衛は納得せず、直接町奉行にお答えしたいと申し立てて聞かなかった。こうした嘉兵衛と町奉行所の激しいやりとりは、市中にも伝わり、町人には珍しい覚悟のある人物として評判になったという（『藤岡屋日記』第一二巻）。

結局、幕府が江戸町人から集められたのは百万両前後だった。幕府の御用達《ごようたし》町人が集中する日本橋地域からの出金が、群を抜いていた。幕府の公金を扱う為替《かわせ》御用達の三井家などは、三万両も納入したという。幕府の御用を勤めることで莫大な利益を得ている御用達としては、むげに断ることもできず、そこが幕府の狙い目でもあった。これをチャンスに、多額の御用金を申し出て、幕府の御用への新規参入をはかる者も当然いただろう。御用金とは、政治献金のような性格も合わせ持っていた。単に御用金をむしり取られるものとだけ見るのは、一面的なのだ。

これだけでも相当な金額だが、とても足りなかったのが実情だった。翌二年には、大坂、兵庫、西宮などの上方町人にも同じく御用金を命じ、総額三百万両もの納入を約束させている（飯島千秋『江戸幕府財政の研究』吉川弘文館、二〇〇四年。大口勇次郎「御用金と金札」『幕末・明治の日本経済』日本経済新聞社、一九八八年）。

見えざる力

当時、豊前中津藩奥平家の家臣から幕府の御直参（旗本）に抜擢されていた福沢諭吉は、ベストセラー『学問のすすめ』で、御用金を命じる幕府や諸大名の理不尽さを、次のとおり批判した。

幕府のとき、政府のことを御上様《おかみさま》と唱え、御上の御用とあれば馬鹿に威光を振うのみならず、道中の旅籠《はたご》までも、ただ喰い倒し、川場《かわば》に銭《ぜに》を払わず、人足《にんそく》に賃銭を与えず、甚だしきは旦那が人足をゆすりて、酒代《さかだい》を取るに至れり。沙汰の限りと言うべし。或いは殿様のものずきにて普請をするか、または役人の取計いにていらざる事を起し、無益に金を費やして入用不足すれば、色々言葉を飾りて年貢を増し、御用金を言い付け、これを御国恩に報いると言う（『学問のすすめ』岩波文庫、一九七八年）。

幕府や将軍（「御上」）の権威を振りかざした所行に、目に余るものがあったことは、よく知られている。自分の都合で御用金を命じる理不尽さも、よく伝わってくるが、その際、御国恩という言葉がキーワードになっていた。安穏に暮らせる御恩に報いるようにというわけだ。理不尽な論法ではあった。だが、この時、江戸の町人が百万両前後の御用金を納入しているのも、また事実なのである。

もちろん、町人側が多額の御用金を進んで納入したわけではない。とはいえ、表向き御用金の出金を拒絶した事例は見当たらない。山本嘉兵衛が異を申し立てたのも、あまりに理不尽な金額だったからだ。その額を極力少なくしようとしてはいるものの、出金自体に異を唱えることができたわけではない。

その裏には、幕府・将軍の権威、すなわち御威光という見えざる力があった。将軍の御威光がもたらす集金力とは、かくも強力なものだった。

もちろん、それは強大な軍事力に裏付けられている。御用金を命じた同じ日に、大軍事パレードを敢行し、江戸の人々に軍事力を見せ付けたことなどは、その象徴だろう。

しかし本書では、御奉公（御用金を納入）しないのは、将軍様に対して勿体ないことではないか、と幕府が述べている点に注目したい。徳川将軍家とは、江戸の人々にとり、勿体ない存在だったのである。

もったいない、という言葉は、環境問題への強い関心を背景に、最近は節約という意味合いで使われることが非常に多い。この言葉には、①神仏・貴人に対して不届き②畏れ多い③無駄にしては惜しい、という三つの意味があるが、幕府の使い方は、①の意味である。②の意味も込められているだろう。つまり、将軍に御奉公しないのは、不届きであり、畏れ多いことだというのだ。

軍事力だけで将軍の御威光が維持されたわけではない。将軍がもったいない（畏れ多い）存在として広く認識されていたことが、きわめて大きかった。江戸の町人が、このような幕府の論法に従って御用金を納めたということは、その認識を共有していたということでもある。

なぜ、そのように認識させることができたのか。どのようにして、将軍の御威光は維持されていたのか。次章では、それを可能にした演出力を見ていこう。

第二章　御威光の演出

一　外国人仰天の城内儀礼

魔法の言葉「しー」

江戸城で将軍に拝謁する際の儀礼に、警蹕《けいひつ》というものがある。警蹕とは、天皇や貴人が出入りしたり、あるいは神事の時に、先払いの者が声を掛けて、あたりを戒めるものである。静粛にということだ。

「おー」「しー」などと発声されるが、現在でも馴染み深いのは、「しー」という言葉だろう。江戸城では、この言葉が用いられた。城中で雑用を勤める御坊主衆が、主に発声したようだ。その際、口に手を当てたかどうかまではわからない。

この時代、江戸にやってきて将軍に拝謁する場面に遭遇した外国人が、警蹕という儀礼に大きなカルチャーショックを受けたことは間違いない。訪日前にシュリーマンも読んだであろう『大君の都』の著者オールコックも、その一人だった。

かれらが並んでいる列をつぎつぎにとおりすぎると、明らかになにかの合図で、とつじょとして、共通の長く引っぱった、「ヒシッ」と長ったらしい「ヒシーッ」の中間のような、形容しがたい歯擦音が起こる。それは、建て物中をあちこちにいったりきたりして、あらゆる宮廷の部屋や廊下にはねかえってこだまするかのようであった。わたしが想像するに、それは敬礼や無言の注意を命ずる、大君《タイクーン》のなにかの動作か行動を指示するためのものらしい。わたしが会議室の入り口にすすむ合図をうけとったのは、歯擦音を発する大勢の廷臣たちのくちびるをとおして震動する、敬礼の微風のざわめきが終わった直後であった。わたしはいまだかつて、これに似たものを見たことがない。実際に、すくなくともこのようなうやうやしい敬礼を命ずる、奇妙ではあるが印象的な方法に似たものを見たことはいちどもない（『大君の都』中、岩波文庫、一九六二年）。

オールコックが江戸城に登城し、いよいよ将軍家茂への拝謁に向かう場面だ。静粛を命じる「しー」という言葉が、城中を包み込んだ。城内全体に将軍への敬礼を命じる指示である。

次は、最後の将軍徳川慶喜にフランス公使ロッシュが拝謁する場面だ。その日は慶応三年三月二十八日、場所は大坂城。ロッシュに付き添う形で、その場に居合わせた海軍士官スエンソン（デンマーク人）は、次のとおり書き残している。

そのとき、突然何やら音がして、このお遊びはたちまち止められた。全員の顔が一瞬のうちにまじめになり、身体も硬張《こわば》った姿勢をとった。それほどまでに驚異的な影響をもたらしたその音は、「シーッ」というような声で、城の内部の座敷から発せられ、口から口へ、何百人もの宮廷人（幕閣上層部）やら兵士やらでいっぱいだった回廊を抜け、つぶやくような囁くような慌てた無数の声の交じり合ったものになって、われわれのもとまで達してきたが、やがて城の外廓の方で消え去り、死の沈黙にとって代わられた。止め針一本、地に落ちても聞こえただろうと思われる静寂。すぐに大君が大広間でわれわれをお待ちになっている、と伝えられた（『江戸幕末滞在記』講談社学術文庫、二〇〇三年）。

将軍への敬礼、つまり将軍のお出ましを伝える「しー」という言葉が発せられると、城内の空気は一変した。この言葉一つで、一瞬のうちに静寂がもたらされることへの強い驚きが、よく伝わってくる。威厳さを醸し出している様子も目に浮かぶ。

西欧人にとっては、この光景は理解しがたいものだった。一瞬のうちに沈黙をもたらす「しー」とは、魔法の言葉に他ならなかった。まさに水戸黄門の印籠なのである。

西欧諸国には、こんな儀礼はなかっただろう。西欧では戴冠式や記念祝典を描いた絵画でも分かるように、賑やかさや華やかさが前面に出たフェスティバルのような儀式が執り行われた。一方、江戸城内の儀式は沈黙が支配し、それが神秘性を醸し出していた。西欧人にとっては、東洋の神秘そのものだった。

こうした儀礼は、当時の日本人にとってみれば、何の不思議もない光景であり、一々記録にとどめることはあまりなかった。だが、外国人にとってはカルチャーショック以外の何物でもない。このため、その様子を記録に残したのだ。

尊顔拝せぬ将軍拝謁

諸大名は将軍に拝謁（御目見得）できた。幕臣の場合は、御目見得できるか否かが、旗本と御家人を分けた。しかし、拝謁できると言っても、将軍の顔を直接見ることは許されず、まして、直接話すなど到底できなかったことは、まえがきでも述べた通りだ。広島藩浅野家最後の藩主浅野茂勲《もちこと》（明治に入り、長勲《ながこと》と改名。侯爵）の回顧によれば、将軍への拝謁とは次のようなものだった。

陛下に拝謁するには、御顔を拝することが出来るのですが、将軍の方はそうでない。将軍の方から御覧になるだけで、こちらから仰ぎ見ることは出来ません（中略）白書院の先の一間の障子の所に、五人ぐらいずつ並んで謁する。この時は何も披露はありません。お辞儀をして、ずうと引いて行くだけのことですが、非常に厳重なもので、この障子は腰高障子になっておる、その前半畳敷ぐらいの所で謁するのですが、その時に畳の縁《へり》へ手がついたり、障子へ脇差が障わったりすると、直ぐに御《お》目付《めつけ》が駈けて来て、下城《げじょう》差留ということになる。但し、これは譴責を受けるだけで、それ以上の処分はありませんでした（浅野長勲「大名の日常生活」柴田宵曲編『幕末の武家』青蛙房、一九六五年）。

明治に入って、浅野が宮中で天皇に拝謁する際、御顔を拝することができたのに対し、江戸城で将軍に拝謁する時、その御顔を拝することは許されなかった。お辞儀をして、そのまま座を下がるだけである。

武家の礼法は室町時代に大成されたが、それを江戸幕府も踏襲した。小笠原流は、その代表的なものだ。殿中での作法は言うまでもなく、挨拶の仕方から手紙の書き方（書札礼）まで、武士が心得ておくべき礼法が、こと細かく規定されていた。身分や格式がその基準だった。

江戸城での年中儀礼に参列する際の座席も服装も、同じく身分や格式により細かく規定されていた。こうした殿中儀礼の指南役こそ、吉良上野介に象徴される高家《こうけ》の職務だった。

例えば座礼には、真《しん》・行《ぎょう》・草《そう》の三ランクがあった（図4）。真の礼は、両手を組み合わせ、手に鼻が付くぐらいの感じで頭を下げるもの（貴人への礼）。行の礼は、両手を合わ

図4　座礼三態（『図録・近世武士生活史入門事典』柏書房より）

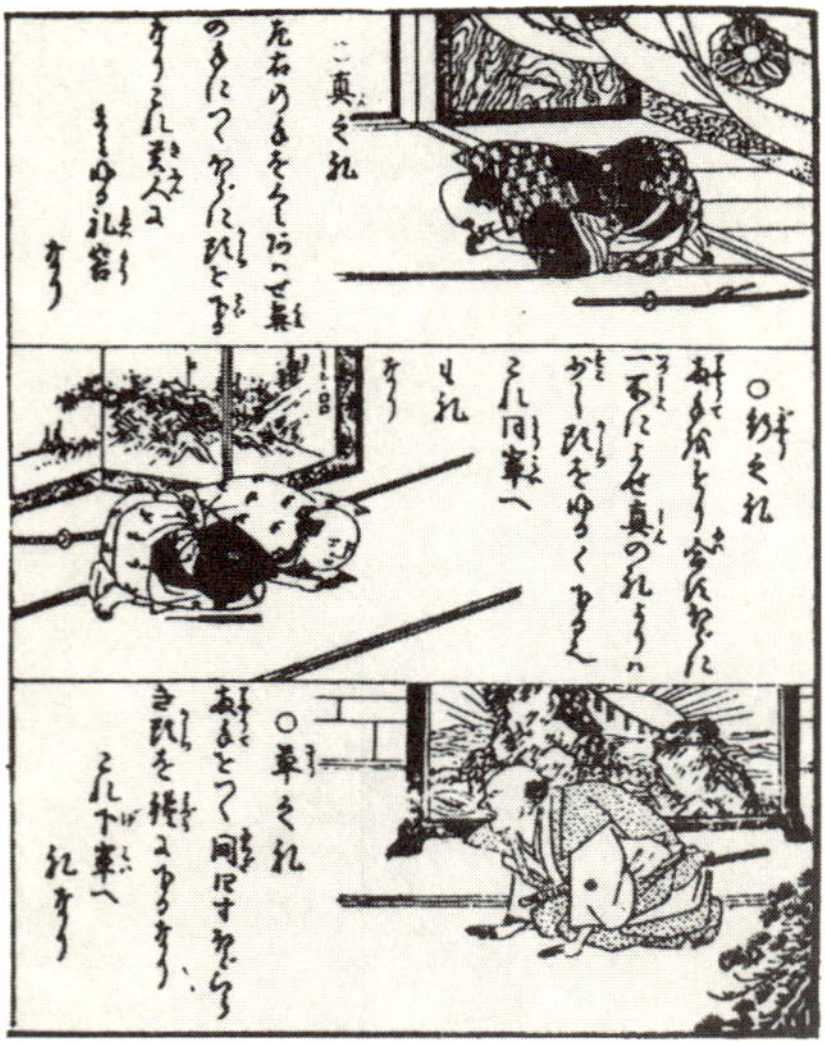

せるぐらいの感じで、真の礼に比べれば頭の下げ方が浅いもの（同輩への礼）。草の礼は、両手を少し離して手を付き、頭を少し下げるもの（下輩への礼）。

もちろん将軍への拝謁は真の礼だ。大名だろうが、将軍の顔を見ることなどはできなかった。たとえ、「面をあげよ」と声が掛かっても、恐れ入って顔が上げられない振りをする。「近う進め」との声にも、恐れ入って膝を動かすだけというのがお約束なのだ。

ところが、野口武彦氏によれば、旗本の大谷《おおや》木醇堂《ぎじゅんどう》は御前講釈の時、将軍の顔をじっくり見たり、両手を膝の上に置いて講釈してしまったという。こうした場合、ほとんど平伏に近い格好で、講釈するのが普通だった。そのため、目付からは不敬であると厳しく叱責を受けている（野口武彦『大江戸曲者列伝　幕末の巻』新潮新書、二〇〇六年）。

浅野によれば、畳の縁に手を突いたり、障子に脇差が触れただけで、目付が飛んできて、城を下がることができなかったという。不敬であるというわけだ。拝謁空間での作法は、非常に厳しいものだった。緊張感が求められたわけだが、この厳格さこそが、将軍の御威光の源泉にもなっていたのである。

目付と言うと、旗本や御家人の監察が任務として思い浮かぶが、殿中で礼法が守られているかどうかチェックするのも、劣らず大事な役目だった。大名も殿中での監察対象だったことは、浅野が述べている通りである。

最初に将軍に拝謁する機会というのは、たいていの場合、家督相続の御礼を申し述べるために登城した時である。ある旗本は、こう回顧する。

当日出頭すると、本丸菊の間というへ、奥坊主《おくぼうず》が案内する。恐る〳〵出て、待つ間程なく、上段の間の襖《ふすま》が開きます。マズ御芝居なら御簾《みす》が揚《あが》るところで、同時にシーシーとせいし声が聞ゆる。将軍は御出になるかどうか、左様の事は分りゃアせぬ。ピタリ御辞儀をしているばかり。畳の縁へ手足がついてはいけない。縁へ手がつかぬようにするのです。手がつくと、御目付がエヘンと咳《せき》をして注意をしてくれます。ソレで首尾よく御礼が済み、帰りますが、恐れ多い心持がしていました（中略）菊の間というは、菊花の御襖子《おふすま》で真に神々《こうごう》しい。ソレヘシー〳〵と声蹕《せいひつ》の声が懸ると、チリ毛元がザバ〳〵としたもんです。その実、将軍は全くお出になるのやら、ならないのやら分りゃアしませんのサ（篠田鉱造『増補幕末百話』岩波文庫、二〇〇一年）。

江戸城菊の間の襖が開いたと同時に、敬礼を命じるお決まりの声（せいし声）が掛かる。当人は顔を上げることができず、お辞儀をしているばかりだが、緊張の余り、畳の縁に手足が付いてしまうと、目付が咳払いをして教えてくれたという。はじめての拝謁でもあり、お目こぼしといったところなのだろう。

大名が家督相続の御礼のため将軍に拝謁することは、御乗り出しと称された。だが、その稽古はたいへん面倒だった。お辞儀の稽古だけで三日間くらい掛かったという。足の運び方からはじまって、畳何枚隔てて、どこへ手を付き、どのように礼をするのか。退出する時は、後ずさりをして、どのくらいの所で向きなおって、真っすぐに下がるのかといった具合である（梶金八「幕末の話」『幕末の武家』）。

件の旗本は、菊の間での拝謁には恐れ多い気持ちがしたという感想を漏らしているわけだが、警蹕の声が掛かると、襟首がゾクゾク（チリ毛元がザバ〳〵）したとも回顧している。将軍の御威光を、身をもって感じている様子がよく伝わってくる。はじめて見る菊の間（襖には菊の花が描かれていた）を、「神々しい」とも表現している。当人にとっては、あたかも神殿にでも居るような心持ちだったのだろう。

大名の意地を巧みに利用

将軍への拝謁と言っても、平伏したままで顔を上げることも許されなかったことは、将軍との距離をとてつもなく遠いものと、諸大名をして感じさせた。ついには、拝謁空間を神々しいものと思わせるまでに至った。江戸城での拝謁儀礼とは、将軍の御威光を諸大名に身をもって感じさせるのに非常に有効な手段だった（渡辺浩『東アジアの王権と思想』東京大学出版会、一九九七年）。

もちろん、一回や二回の儀礼だけで、それが可能になったわけではない。そこで大きな役割を果たしたのが、参勤交代制だった。諸大名は一年おきの江戸在府が義務付けられたが、在府中は江戸城で執り行われる儀式に参列しなければならなかった。休む場合は、当然届け出なければならない。身内に不幸があった場合は、逆に登城を遠慮しなければならなかった。

登城が義務付けられた年中儀礼としては、年始、五節句（人日《じんじつ》・上巳《じょうし》・端午《たんご》・七夕《しちせき》・重陽《ちょうよう》）、八朔《はっさく》などが代表的なものである。人日の節句は一月七日、上巳（桃）の節句は三月三日、端午の節句は五月五日、七夕の節句は七月七日、重陽の節句は九月九日である。八朔（八月一日）は、家康が江戸城に入った記念日としてたいへん重要視されていた。

そのほか、毎月一日、十五日、二十八日が定例の拝謁日であった。さらに、若君誕生のような慶事の際には、お祝いを申し述べるために臨時に登城することになる。つまり、諸大名は毎週のように、将軍に拝謁するため江戸城に登城していた計算になる。

これらは将軍への臣従儀礼に他ならなかったが、参列を繰り返すことで、当の大名にとっても、将軍に臣下の礼を取ることに疑問を持たなくなる。当り前のこととして受けとめるようになるのだろう。江戸城で繰り返される年中儀礼とは、実は将軍権威を諸大名に叩き込むための研修の場だったというわけだ。愛社精神ならぬ敬幕精神を喚起させられるのである。こうして、将軍の御威光を体感させられるのだ。

そして、殿中での座席は家格により厳然と決められていた。諸大名は江戸城に登城するたびに、自ずから自分のポジションを思い知らされる。お殿様として一国一城の主であるがゆえに、プライドも高い。江戸城は、大名の意地が火花を散らす場なのだ。

大名としては、江戸城の頂点にいる将軍との距離を少しでも縮めたかった。その結果、江戸城でのポジションをアップさせるために、幕府実力者への熾烈な工作が展開されることになる。江戸城とは、まさしく大名の競争心理をあおる空間でもあった。その裏では莫大な金品が動いていたが、こうした運動こそが、将軍への求心力（御威光）を維持強化する役割を果たしていたのである。

警蹕や咳払いの有無でも諸大名は格付けされていた。慶喜の小姓を勤めた村山鎮《まもる》は、次のように回顧する。

殿中で御三家、御三卿は別もので、御老中と若年寄と御側衆《おそばしゅう》だけは、坊主が先立ちをして、しィしィ制止をして（警蹕の声なり）あるきます。そのほか越前でも、大諸侯でも、溜《たまり》の間詰《まづめ》でも、咳払いをして坊主が後から附いてあるきますに、旗本でありながら、しィしィと制してあるくは、驚くくらいの権威なものです（村山鎮「大奥秘記」『幕末の武家』）。

殿中の廊下を通る時、警蹕の声が掛かるのは、徳川姓の御三家と御三卿、幕閣首脳である老中、若年寄、そして将軍側近の御側衆だけだった。御三家と御三卿が特別扱いなのは、将軍の一門であり、老中、若年寄は、将軍の信任を得て幕政を担っているのだから分かる。御側衆も、将軍の御側近く仕える者のトップ。いずれにせよ、将軍との距離の近さが他大名とは格段に違うのだ。

咳払いは、警蹕よりも扱いは落ちるが、御家門《ごかもん》と称された越前松平家、大諸侯、井伊家など有力譜代大名（溜間詰）が対象だった。大諸侯とは、前田家、島津家、伊達家など有力な外様大名のことだろう。諸大名は様々な形で、幕府から格付けされていたことが分かる。これも、西欧人には、奇妙な風習にしか見えなかったに違いない。

江戸開府より、徳川将軍家は強大な軍事力を発動することで、諸大名を従わせてきた。軍事力を誇示することで、将軍の御威光を知らしめたのである。しかし、泰平の世になると、その方法で諸大名をコントロールすることが難しくなった。

高埜利彦氏によれば、その代わりとなる大名統制策こそ、武家身分内の階層序列（頂点に君臨するのが将軍）を明確にした上で、厳重にこれを守らせることだったという。将軍をトップとする武家社会の序列を、参列する諸大名をして一目瞭然に認識させることのできる絶好の機会として、江戸城で執行される儀式の場が大いに活用されたというわけだ。

五代将軍綱吉が天和三（一六八三）年に発した武家諸法度において、忠孝・礼儀による上下の秩序維持が第一としたのは、そうした幕府の意思を明確に表現したものに他ならない（高埜利彦編『元禄の社会と文化』吉川弘文館、二〇〇三年）。上下の秩序と礼節を重んじる儒学、特に朱子学が、その理論的裏付けだった。

こうして、儀礼は将軍の御威光を認識させる演出として、たいへん重要視されることとなった。警蹕という儀礼も、恐らくこの頃に採用されたのだろう。

二　御成道はトッピンシャン

目張り・窓蓋

将軍が御成と称して江戸城外に出る用件としては、歴代将軍の霊廟がある上野東叡山寛永寺や芝三縁山増上寺への参詣がまず挙げられる。第六章でも述べるとおり、この時は諸大名も参詣することになっていた。

あるいは、江戸近郊に設定した御拳場《おこぶしば》（鷹狩場）、江戸湾に面する浜御殿（現浜離宮恩賜庭園）に出かけることもあった。御拳場への御成、つまり鷹狩りの際、御立ち寄りという形で、将軍が大名庭園や寺社での観光を楽しんだ様子は、第三、四章で見ていくとおりだ。

さて、将軍がひとたび城外に出るとなると、江戸の町には様々な規制が敷かれた。オランダ領事ポルスブルックの眼に映った行列通過予定の道筋、つまり御成道の様子とは、こんなものだった。

将軍はめったに宮殿を離れないが、ひとたび出るとなると、必ず大勢の御供を連れた盛大な行列を組むのだ。将軍の行く道には誰もいてはいけない。だから将軍が通る通りはまったく人影がなく、家々は閉まっており、戸や窓の隙間まで紙で張りつけてある（『ポルスブルック日本報告』雄松堂出版、一九九五年）。

御成道に面する家々は、雨戸を閉め、さらに戸や窓のすき間は紙で目張りをするよう命じられていることが分かる。窓については、蓋をするという方法もあった。

鹿島萬兵衛の記憶によれば、浜御殿に赴くために将軍の御座船《ござぶね》が通過する際、両岸に立ち並ぶ家々の窓や雨戸にも、同じく目張りがされたという（『江戸の夕栄』）。陸路のみならず水路を取る場合も、同じ対応が命じられたわけだ。

そして、御成道には人影が全くなかった。ポルスブルックはこの光景を、御成道に出ることが禁じられたと解釈しているが、後難を恐れて家の中に引っ込み、行列の通過を静かに待っていたというのが真相だった。同じ頃、プロイセン使節に随行して来日していた画家のベルクも、将軍行列の通行が知らされると、「すべての家は戸を閉めてしまい、行列を見ることは誰にも許されない」と書き残している（『オイレンブルク日本遠征記下』雄松堂書店、一九六九年）。

実際のところは、行列を見るのを禁止したのではなく、覗き見るような行為が禁じられたのだ。拝見したければ、きちんと正装の上、土下座してお迎えせよということなのだろう。もちろん拝見と言っても、行列を仰ぎ見ることが許されていたわけではない。平伏しているだけだった。ただし、子供と女性は例外という場合もあったらしい。

紙で目張りをしたり、窓に蓋をさせるというのは、将軍の姿が人々の眼に触れないよないうにするための処置だろう。狙撃の危険性を排除するという意図があったかもしれないが、むしろ将軍の存在を限りなく遠いものにすることで、御威光（神々しさ）を感得させようという狙いを読み取るべきだ。神仏を直接拝むと目がつぶれるという言い伝えもあるように、直接見てはいけない崇高な存在として認識させようとしたのだ。逆に、こうした処置を取れば取るほど、その姿を見たくなっただろう。

フランスなどは、国王の姿を人民に見せることで、その権威を高めたというが、それとは全く対照的である。だから、西欧人には奇妙に映り、このように書き留めたのだろう。警蹕の場合と同じだ。

窓に蓋がされるようになった時期について、九代肥前平戸藩主松浦静山《せいざん》は、次のような説を紹介している。

御成のとき、屋鋪に牖蓋《まどぶた》をすること、何つの頃より始れるか、或人の語《かたる》を聞しは、御行徳廟昌平橋通御のとき、松平伊賀守屋鋪の牖の格子の間より、一人頭を出し、御行列を見るたり。此とき、上には御馬にめされて通御なり。この人、御間近くなるゆゑ、頭を引て障子をしめんと為《せ》しが、あわてたる故、頭格子の中に入らず。為方《せんかた》なく、頤《あご》を牖の縁にもたせてあるを御覧ありて、首を横にせよ々々。すれば入るぞ々と、上意ありければ、頓《やが》て頭、牖内に入りぬ。夫より、その人幷《ならびに》主人にも何たる御沙汰なければ、指扣《さしひかえ》等を申上るに及ばず、事済《すみ》しとぞ。或いは云ふ。享保の比《ころ》は、牖蓋既にあり。此話は猷廟の御時の事なりと。孰《いず》れなるにや（『甲子夜話《かっしやわ》』二巻、平凡社東洋文庫、一九七七年）。

八代将軍吉宗（徳廟）の行列が昌平橋を通過する時、道筋に面した大名屋敷の格子窓から顔を出し、それを見ていた武士がいた。上田藩松平家の家臣である。行列が近付いてきたため、その武士は顔を引っ込めて障子を閉めようとした。ところが、慌てた余り、格子窓から顔が引き出せなくなってしまった。

馬上の吉宗はその滑稽な様子を見て、頭を横にすれば引き出せるぞ、と声を掛けた。やっとのことで、顔を引っ込められたが、別にお咎めもなく済んだ、という笑い話だ。しかし、享保の頃には、将軍行列が通過する際に使われる窓蓋は既にあったはずであり、話に無理がある。これは三代将軍家光（猷廟）時代の話ではないかと、静山は推理している。

煙止め

江戸の町に敷かれた規制のなかで、生活に最も影響を与えたのは、当日火の使用が禁止されたことだろう。明治二十〜三十年代、旧幕府関係者は在りし日の江戸を記録に残しておくため、「江戸会誌」「旧幕府」などの雑誌を刊行した。その一つ「同方会誌」では、将軍御成の様子が次のように回顧されている。

昔の事を今考へると、随分馬鹿気た事がありますが、御成りの時も其一ツです。御成りの前日には、鉄棒《すずむし》を曳いて触れたもので、当日は雨戸を閉《た》てゝ、二階などへは目張りをして、其上一切煙を挙げることを禁じてありますから、前晩に当日の飯を焚いて置いたものです。去来《いざ》御成りといふ前になると、黒羽織を着た同心が扇子を持つて、御払《おはら》ひ〳〵と怒鳴つて通る、それを聞くと大屋だけが出て、溝渠板《どぶいた》の上に土下座をして、御通りを迎へた、他《ほか》の者は一同家の内に謹慎して居る、御通りが済む、又同心が中通《なかどお》し〳〵といふのを聞いて、初めて往来が出来たものでした

(「同方会誌」一八号、一九〇一年)。

御成の前日になると、御成道にあたる地域に、明日御成の旨が予告される。先払いの武士は手に鉄製の棒を持ち、地面を突きながら歩くわけだが、その先には、鉄の輪がいくつも付いていた。その音がチリンチリン言うため、すずむしと呼ばれたらしい（鈴虫の鉄棒）。警備の役人は、該当地域をこの鉄棒を持って巡回し、それを突いて音を立てることで、明日の御成を予告したのである。

当日は、火の使用が禁止された（煙止めと称された）。よって、その前夜に御飯を炊くことになるが、当日の明六ツ時（午前六時）までが夜間と解釈されていたようだ。要するに、日の出を境に煙止めとなるわけである。将軍の御成日となると、江戸っ子も大変だった。

その規制対象は各家庭だけではなかった。風呂屋や料理屋など火を使う商売も、軒並み休業を余儀なくされた。それだけ、幕府も火事を恐れていたということなのだろう。

ところが、御徒町（現台東区）の「御徒士《おかち》湯」と呼ばれた風呂屋のみ、営業が黙認されていたらしい。その理由は、将軍を警護する御徒が入るからだ。

サインは白扇

御徒《おかち》とは、将軍の身辺警護などを任務とする御家人のことだ。御成の時は、行列の先駆（先払い）や御成道固めの役を勤めた。御徒組は全部で二十組（本丸十五組、西丸五組）、一組三十名から成っていた。組屋敷は下谷や深川などに置かれたが、主に下谷に集中していた。ＪＲ山手線の駅名でもある御徒町という地名は、御徒の組屋敷が立ち並んでいたことに由来する。この御徒が御成の先払いとして、やって来るのである。

行列の通過が目前に迫ると、黒羽織を着た同心（御徒）が扇子を持って、御払い、御払いと怒鳴って通る。その声を聞くと、町屋敷の管理人である家主（大屋）だけが出てきて、行列を御迎えした。当然、土下座である。その他の町人は、家の中で謹しんでいた。行列が通過すると、中通し、中通しという御徒の声が聞こえ、交通規制が解除された。

御徒を勤めた山本政恒《まさひろ》という者の証言を見てみよう。

御供番二組は御行列の先に立ち、御道筋不都合なき様心付け歩行す。其内四人を御先払と唱へ、御目付方の指揮を受け、白扇を開き発し、御道筋を駈け足にて通行

図5　将軍家行列（『幕末下級武士の記録』より）

す。此白扇を見て、御道固めの者、小路々々に立番し、往来を留るなり（山本政恒『幕末下級武士の記録』時事通信社、一九八五年）。

まず、御徒組（二組）が行列の先頭に立ち、道筋に不都合がないか注意しながら歩く。そのうち四人は、目付の指揮のもと、御先払いと声を上げながら、御成道を先に駆けて行く。

図5は、政恒が「将軍家行列」というタイトルでスケッチしたものである。三人しか描かれていないが、「御先払御徒方」とある御徒が、手に白扇を持っていることがわかる。この白扇こそが先払い、行列がやって来るサインだった。

道固めの御徒は、行列通過の二時間ぐらい前から、各持ち場に張り付き、二階の窓は開いていないか、あるいは行列通過中は御成道に出てこないよう命じるなど、警戒にあたった。そして、同僚の御徒が白扇を開いて駆けてくるのを見ると、交通止めにした。各町の番人が細引縄を張って、通行規制をしたのである。ただし、急病人のもとへ急ぐ医者や産婆は、行列が間近に迫っていなければ通したという。決して杓子定規の対応ではなかったのだ。

神聖さの醸成法

将軍の御成空間は、清められていなければならなかった。目障りなものは片付け、あるいは覆い隠さなければならない。例えば、屋台などの形で、多くの飲食店が路上で営業していたが、御成の時は立ち退くことが求められた。

こうした処置は、将軍への敬礼表現に他ならない。警護役人のチェックも非常に厳しかった。チェックに不手際があったとして、現場役人が処罰される例も少なくなかったことが背景にあったようだ。慶応元年一月晦日、家茂による寛永寺参詣の折り、御成道に面する屋敷の門前に筵《むしろ》が放置されていた。そのため、関係者が進退伺いを提出し、謹慎処分を受けている（水谷三公『将軍の庭』中公叢書、二〇〇二年）。

その結果、江戸の人々も、現場のピリピリした雰囲気を察して、御成道には出なくなり、家の中で行列通過を静かに待つというのが一般的になってしまった。まさに後難を恐れて、「茶壺に追われてトッピンシャン」というわけだ。こうして、不自然なほど整頓され、さらに異様な沈黙と緊張感が支配するなか、将軍の行列が御成道を通過していくのである。

これについて、例の静山は次の落し噺を紹介している。

浅草辺御成のとき、上意に、町々は日に増し賑はしきと聞く。されども、今日は至て寂しゝと仰《おおせ》あれば、御側より答奉るは、今日は御成にて候へば、何れも慎み、物品もかたづけ置き候と申し上ぐる。上意に、然らば、いつぞ御成にて無き日に出づべし（『甲子夜話続篇』二巻、一九七九年）。

ある時、将軍が浅草寺（浅草辺御成）に参詣した。しかし、将軍の眼に映った江戸は、非常に静かだった。江戸の町の賑やかさを聞いていた将軍は不審に思い、御側の者に尋ねた。

これに対し、本日は御成であるため、皆も慎み、目障りな物品も片付けてしまったのでございます、と御側の者は答えた。それを聞いた将軍は、ならば、いつか御成ではない日に参るとしよう、と仰せになった。将軍である限り無理という笑い話だ。

さらに、御成道に面する各町は、事前に道を掃き清め、水を打っておかなければならなかった。その証明として、盛り砂、立て砂、箒《ほうき》、飾り手桶を出すことも義務付けられていた。

盛り砂、立て砂とは、円錐状に砂を高く盛り上げたもの。現在でも、寺社の境内に見ることができる。鍬入れの儀式で鍬を入れる時の砂でもある。箒は竹箒。飾り手桶は木製だった。桶には水も入っていただろう（久留島浩「盛砂・蒔砂・飾り手桶・箒」『史学雑誌』九五巻八号、一九八六年）。

こうした対応は、貴人をお迎えする時の作法として定着していた。当然、将軍はその範疇だ。江戸の人々は将軍御成のたびごとに、将軍への敬礼行為として、道を掃き清めて水を打った上、盛り砂などで御迎えすることが求められていたのである。

せめて土下座したい

「下に、下に」というのは、大名行列の代名詞でもある。むろん、将軍行列の場合も同じだ。江戸の場合は、御三家と御三卿以外の諸大名は使えなかった。だが、江戸以外では、この言葉を使って沿道の住民を土下座させている。

水戸黄門の印籠ではないが、この言葉一つで、人々を土下座させてしまう光景も、外国人の眼には異様に映った。幕末に来日したアメリカの地質学者パンペリーは、次のとおり述べている。

日本の専制政治は国民に骨の髄まで、瞬間的に遜《へりくだ》る術を教え込んだ。高い身分の人物が通っているとき、群衆に対する「下にいろ！」Sh'taniro!（跪け）という魔法の言葉の効き目には驚き入る。ぽかんとしていたり、笑ったり、喋っている日本人は、まるで魔法にでもかけられたように、ことごとくひれ伏し、深い沈黙が支配する。警吏の鉄棒の鈴と「下にいろ！」、「下にいろ！」というもったいぶって繰り返す警告だけが沈黙を破る（「パンペリー日本踏査紀行」『新異国叢書』第Ⅱ輯6〈伊藤尚武解説〉、雄松堂書店、一九八二年）。

雰囲気を一変させる「下に、下に」というフレーズが、魔法の言葉と表現されている。その点、将軍への敬礼を命じる「しー」という言葉と全く同じだ。

現代人の眼にも、理解し難い異様な光景だが、将軍が御成になるたびに、今まで見てきたような作法が義務付けられたのだ。それが、二百年以上の長きにわたって繰り返された。こうして、将軍の御威光が江戸の人々のなかに深く入り込み、無意識のうちに条件反射させていたのである。そうすると、次のような感想も自然と生まれてくる。

今から見ると、余程圧制のやうに見えますが、其時分、市中のものは、切《せ》めて土下座をしたいものだといふくらゐ、有り難いものであつたのです（「同方会誌」一八号）。

明治に入って将軍御成が回顧された際、一連の作法を馬鹿げたことと指摘した発言があったが、それを受けた感想である。圧制の一つには違いないが、土下座することを有り難いものと感じる雰囲気も、当時は確かにあったのだ。同じく将軍への拝謁も、有り難いものという印象を拝謁者にもたらしていたのだろう。

現代からは想像もできないが、これが同時代を生きた江戸っ子の偽らざる心情なのだ。この心情を現代人の感覚や価値観で理解してはいけない。江戸っ子が現代人と同じように考えていたとは限らないのだ。非江戸っ子には卑屈にも見えるような形で、江戸っ子は将軍の御膝元としての優越感に浸った。将軍がもったいない存在として受容される環境は、こうした雰囲気により形作られたのである。まさしく絶大な演出効果と言えるだろう。

三　ブランド管理の徹底

監視と厳罰のメディア戦略

江戸城で執り行われる厳格な拝謁儀礼、そして御成空間での息の詰まるような作法をみてきた。こうして、将軍は限りなく遠い存在に転化し、ついには神格化されるに至る。江戸城とは神殿のようなものだった。土下座してみたい、と江戸の人々に思わせるまでに将軍の御威光は高まっていった。

しかし、軍事力はもとより、儀礼や作法だけで御威光が保てるわけではない。そこで出てくるのが、徳川将軍家に関する情報管理という問題だ。将軍の御威光を損なうような情報を、徹底的に排除したのである。将軍の神秘性を演出するには不可欠な処置だった。将軍の話題がタブー視されるような社会環境を整えることに、幕府は躍起となったわけだ。その姿勢が最も顕著に現れたのが、対出版メディアである。
この時代、将軍や徳川家について何であれ文章を書くことは、自分の身を危険に晒すことでもあった。

旧幕時代の書物には、政治上のことは勿論、徳川家に係ることは些細のことでも記載せず、うつかりやると軽くて江戸構へ、少し重く取らるる時は遠島などといふ目に逢ふを恐れて、『江戸名所図会《えどめいしょずえ》』その他の書物に記載《のせ》てあるべきと思ふものも、さらに記さず（『江戸の夕栄』）。

政治上のこと、つまり時事ネタや徳川家のことを書いてしまうと、軽くて江戸追放、少し重く取られると遠島が待っていた。内容によっては死罪に処せられる場合もあった。『江戸名所図会』とは、江戸および近郊の観光名所などを、挿し絵と簡単な文章で紹介したガイドブックである。江戸には当然のことながら、将軍や徳川家ゆかりの寺社などの観光名所が実に多かった。それを売りにして、寺社側が集客合戦に鎬《しのぎ》を削った。よって、こうした由緒は『江戸名所図会』のなかで書かれていても、何の不思議もなかったが、いっさい記述はなかった。他の出版物にしても、事情は同じだった。出版側が自主規制していたのだ。江戸の出版メディアが、幕府の厳しい監視下に置かれていたことを示す一つの事例である。

今の皇室、昔の将軍

江戸の町に出された出版統制令は、寛文年間(一六六一〜七三)が最初だ。内容が疑わしい書物の出版を依頼された場合は、町奉行所に報告することが板木屋仲間に命じられている。寛文十三(一六七三)年には、幕府のことはもちろん、諸人が迷惑したり、あるいは珍しい内容が出版された場合は、奉行所に申し立てることを町人に命ずるお触れが出された。

ちょうど四代将軍家綱の頃の話だが、出版物は急増していった。売れ筋は堅い本よりも、重宝記《ちょうほうき》や好色本の類だった。いつの時代も、この種の本は人気がある。

重宝記とは、日常生活に必要な知識を集めた簡易な百科事典のことだ。いわゆるハウツーものの書物である。今田洋三氏によれば、重宝記とは難しい本を読めば、ただ眠りを誘い、馬耳東風となる読者のために作られた本であったと言う。

こうして、出版界は『昼夜重宝記』『諸人重宝記』『家内重宝記』など、◎◎重宝記の類が百花繚乱の状態になった。◎◎諺解《げんかい》という本が流行っていたと思えば、次は◎◎詳解。今度は◎◎大成かと思えば、◎◎集成が流行った。

こうなると、当然内容は似通ったものになる。というより、他人が出版した本とそっくり同じものを出版したり、一部だけ変えて出版する事例が実に多かった。そうした事情は重宝記に限らなかったが、いずれにせよ、結局は共倒れとなった。

そこで、版元（書物屋）たちは他版元の書物と同じものを出版することを重板、少し変えただけで出版することを類板と名付け、禁止しようと申し合わせた。その本についての出版の権利（版権）を、互いに認め合ったのだ。

現代の出版事情にもつながる光景だが、幕府が数ある書物のうち統制対象としたのは、ハウツーものではなく時事ネタを取り上げたものだった。次の五代将軍綱吉の時は、悪名高い生類憐みの令が出されるなど、格好の材料が数多く提供された。

出版に限らず、時事問題が取り上げられると、為政者の対応に関する論評がなされ、つまりは政治批判につながっていく。その方が売れ筋になるからだろう。究極的には、そのターゲットは徳川家や将軍に向かう。後に将軍家斉の豪勢な生活をモデルにしたと言われる「偐紫田舎源氏《にせむらさきいなかげんじ》」がベストセラーになったように、将軍にはたえず大きな関心が寄せられていた。皇室の動向記事が人気の現代と変わらないかもしれない。

しかし、そのまま放置していては、将軍のイメージが崩れてしまい、御威光にも傷が付く。それを恐れて、幕府は出版メディアへの統制を強化していったわけだ。逆に言うと、将軍に関する書物が相当な量に及んでいたことが分かる。

享保七（一七二二）年十一月、新たな出版統制令が出された。八代将軍吉宗の時だ。世間を惑わす内容（時事問題も含まれる）のほか、徳川家に関する内容の書物の出版が改めて禁止された。それと前後して、版元による仲間の結成が認可されている。新刊本の出版にあたっては、この統制令に違反していないかどうか、版元仲間にチェックさせたのだ。類板・重板したものではないか否かも、この場でチェックされた（今田洋三『江戸の本屋さん』NHKブックス、一九七七年）。

こうして、徳川家はもちろん将軍を取り上げた書物などは禁書扱いとされた。よって、出版できないような内容は、写本という形で一般に流布した。だが、タブー視されたがゆえに、将軍への関心は一層高まるという皮肉な結果になる。

葵の御紋は使用禁止

葵の紋所と言えば、言うまでもなく徳川家のシンボルである。将軍の御威光の象徴でもあるが、出版メディアへの統制を強化していったのと時期を同じくして、その使用にも厳しい制限が加えられる。

天和三（一六八三）年九月、幕府は将軍家御用達の町人が、提灯や箱、長持などに、葵の紋を入れることを禁止した。葵の紋が町人の提灯にまで気安く使われては、将軍の御威光を損なうという幕府の思惑があったという。

その一方、葵の紋所を悪用する事例もかなりみられたようだ。七代将軍家継の頃、正徳三（一七一三）年五月に、上総国の神主の倅で小兵衛という者が召し捕らえられた。この男は武田掃部助《かもんのすけ》と名乗って巡礼姿になり、背負った笈《おい》に、歴代将軍の贈位、諱《いみな》、命日や大老、老中などの名前を記し、その上に葵の紋所を捺した。行く先々で、その葵の紋所を見せ、拝礼させたという。

自分が徳川家ゆかりの者であるかのように思わせせることで、寄進を受けることを狙ったのだろう。徳川ブランドに便乗した詐欺行為が、罪に問われたわけだ。

享保七（一七二二）年十二月には、山名左内という浪人が葵の紋が付いた衣類を着用し、詐欺行為を働いたとして死罪に処せられた（高埜利彦『日本の歴史13　元禄・享保の時代』集英社、一九九二年）。

あるいは、享保十四（一七二九）年には、天一坊改行《かいぎょう》という山伏が処刑された。この山伏は吉宗の御落胤《ごらくいん》と称し、近々大名に取り立てられると吹聴して、仕官を希望する浪人から金銀を巻き上げたという。この詐欺事件は、江戸時代は出版や舞台化されることはなかった。だが、明治に近くなると、いわゆる「天一坊事件」として「大岡政談」の一つとなる（辻達也『大岡越前守』中公新書、一九六四年）。

これらの事例は、氷山の一角に過ぎなかったらしい。当時、徳川ブランドのニセモノがかなり横行していた。それだけ、徳川将軍家の御威光が一般に浸透していたということでもあった。まさに水戸黄門の葵の印籠が受け入れられる環境が整っていたことが、奇しくも証明された形なのだ。

山名左内の処罰を受けて、翌享保八（一七二三）年二月、幕府は葵の紋所が入った衣類の着用や、道具に葵の紋所を付けることを禁じている。だが、葵の紋所が入った品を将軍から寄付された寺社は、当時かなりの数にのぼっていた。そこで、延享元（一七四四）年以降、寺社側が神事、仏事、開帳《かいちょう》時、それを使用するのに幕府は制限を加え続けている（西光三「表象する権威」『徳川幕府と巨大都市江戸』東京堂出版、二〇〇三年）。

こうしたブランド管理の徹底は、将軍の御威光を保ち、その悪用、便乗行為を防ぐための処置だ。しかし、当の寺社にとって、葵の紋所が入った品が寄付されているという事実は、自らの寺（社）格をいちじるしく高めるものだった。開帳などのイベント時、集客効果に好影響をもたらしたのもまた事実である。

そのため、寺社側は何とかして、葵の紋所が入った品の寄付を受けようとし、その公開展示を認めてもらおうと運動している。将軍とのゆかりを強調することにメリットがあったからだ。こうした働きかけも、将軍の御威光を維持強化する役割を果たしたのである。

第三章　大名屋敷への御成

一　壮麗な御成御殿

固めの盃

将軍御成とは、将軍と大名の主従関係を確認する政治的イベントだが、江戸前期の事例を分析した佐藤豊三氏によれば、初代家康は三回、それも慶長九（一六〇四）年におこなったという。将軍就任の翌年だが、家康の場合、江戸ではなく伏見屋敷への御成だった。御成先は、豊臣恩顧《おんこ》の浅野幸長《よしなが》、池田輝政、そして秀吉の養子だった次男結城秀康の三人だ。

だが、秀康は言うまでもなく、幸長、輝政の二人も、家康とは縁戚関係にあった。幸長の長女は、家康の息子の義直と婚約しており、輝政は家康の娘を妻に迎えていた。豊臣家は大坂城で隠然とした実力を誇り、いまだ徳川将軍家の権力基盤は脆弱だった。豊臣家とも因縁浅からぬ彼らとの結びつきをさらに強めたい、という家康の思惑が見える。豊臣家への牽制に他ならない。

家康はわずか在職二年で、秀忠に将軍職を譲る。秀忠の代から江戸屋敷への御成となる。同十（一六〇五）年五月の池田輝政邸が、その最初だ。秀忠の御成は計二十九回に及んだ。輝政、幸長に加え、伊達政宗、藤堂高虎、上杉景勝など、御成先の大半は有力外様大名である。それも、大坂の陣の前に集中している。記録が残っている慶長十五（一六一〇）年の上杉景勝邸御成から、その様子を見てみよう。

この年の五月六日、秀忠の補佐役で家康の信任も厚い本多正信が上杉邸に来訪し、景勝に秀忠御成の旨を内々に伝えた。関が原合戦直前より、徳川家と上杉家は敵対関係にあったわけだが、この頃は、景勝の信任厚い家老直江兼続が正信の息子政重を娘婿に迎えており、その関係は修復に向かいつつあった。

しかし、豊臣政権では同じ五大老として同格だった。徳川家としては、何としてでも主従関係をはっきりさせたかった大名の一人である。両家の間には、なお緊張関係があり、臣下の礼を目に見える形で取らせることも急務だった。そのため、正信を介して、上杉邸への秀忠御成の旨を伝えたのだ。

翌七日、景勝は江戸城に登城して秀忠に拝謁し、御成をお受けする旨を言上した。その後、正信の指揮のもと、御成御殿や御成門の建設が急ピッチで進み、十二月十八日に落成した。この日以降、幕府から関係役人が上杉邸を訪れ、御成の次第を打ち合わせている。二十四日、景勝は江戸城に登城し、明二十五日の御成への御礼を言上した。

二十五日午前八時、景勝は江戸城に登城して老中と対面し、下城した。秀忠が上杉邸に御成となったのは、午前十一時。景勝が子息の玉丸（のち定勝）らと御成門内でお迎えし、秀忠は御成御殿に着座した。

御殿では、景勝から太刀、刀、脇差、銀子《ぎんす》、馬などが、玉丸から腰物、銀子が献上された。兼続ら家老四人からの献上品もあった。将軍への服従を誓う貢ぎ物だ。秀忠と景勝の間では、献盃《けんぱい》が応酬（献酬）された。まさに主従の固めの盃である。この時、玉丸も盃を賜り、千徳《せんとく》と改名するよう命じられている。

献酬後、饗応《きょうおう》の膳部が出された。それと同時に、能もはじまった。能の終了後、御数寄屋（茶室）に入り、茶の湯がおこなわれた。茶会が終わると、書院に入り、饗応の膳部が出された。秀忠が上杉邸を後にしたのは、午後三時である。

翌二十六日、景勝は改名した千徳と一緒に、昨日の御成への御礼を言上した。二十七日はお昼より、「高客」つまり大名クラスを招き、将軍の御成を受けた御祝いの饗応を開いている。これをもって、御成のスケジュールは完了する。

こうして、秀忠と上杉景勝は主従の盃を交わしたが、他の外様大名についても、同様の儀式が執り行われただろう。まさに将軍の御威光を高める演出だが、豊臣家滅亡までの外様大名宅への将軍御成は、目前に迫っていた大坂城攻めの布石だったのである。

誰のための三四郎池

こうした盛大な御成の行事は、足利将軍家そして豊臣秀吉の先例に則ったものである。徳川家は足利将軍家ゆかりの旧家（吉良家や今川家など）を、高家と定め城内の儀典を指導させた。足利家の先例に倣うことで、武家の棟梁としての正当性をアピールしたのだ。

足利将軍家の御成の場合、まず寝殿で、主従関係を明らかにする式三献《しきさんこん》の儀式がおこなわれる。酒肴《しゅこう》の膳部を出して三杯飲ませ、膳部を下げることを一献と呼んだが、これを三回繰り返す（初献・二献・三献）のが式三献だ。上杉邸でも、秀忠と景勝の間で献盃が応酬されており、それが式三献だったのだろう。式三献の後、太刀や馬が献上された。そして、会場が会所（座敷）に移されて饗応の膳部が出され、能が興行される。進物の献上も並行しておこなわれた。

ただし、足利将軍家と徳川将軍家の違いは、何と言っても御成時間の長さだった。足利家の場合、午後二時に御成、翌日午前十時に還御となるのが通例だ。夜通しで饗応や能がおこなわれるという、将軍にとっても体力がいる行事だった。

秀吉の時になると、午前十時から午後四時までに短縮され、その日のうちに終了するようになった。上杉邸の場合、さらに二時間短縮され、午前十一時御成、午後三時に還御となっている（佐藤豊三「将軍家『御成』について」〈6〉『金鯱叢書』第七、一九八〇年）。

家康が死去した後、秀忠が最初に御成をおこなった先は加賀藩前田家だが、藩主前田利常の正室は、自分の娘だった。元和三（一六一七）年五月十三日のことである。豊臣家滅亡後の最初の御成でもあった。最大の外様大名前田家との主従関係を再確認し、徳川将軍家の権力基盤を強化する狙いがあったことは、言うまでもない。

この時の屋敷は、本郷ではなく江戸城和田倉門外の辰口《たつのくち》だった。この頃、前田家は幕府から本郷の地に屋敷を拝領したが、当時は辰口が上屋敷だった。本郷屋敷が上屋敷となるのは、天和三（一六八三）年のことである。

前田屋敷に到着した将軍は、まず数寄屋で茶を喫した。簡単な膳部も出された。茶会が終わると書院に通され、藩主前田利常から、三方に載せられたのしが献上され、式三献の儀式がはじまった。秀忠と利常の間で献酬がおこなわれたわけである。この時の膳部は、初献が焼き鳥、御雑煮、二献は真羽煮《まばに》、三献は干鱈《ほしだら》、まきするめなどであった（堀内秀樹「史料から見た御成と池遺構出土資料」『加賀殿再訪』東京大学出版会、二〇〇〇年）。

式三献が終わると、今度は広間に通されて、利常や前田家の家老クラスの家臣から、進物の献上を受けた。そして、広間に面した庭の舞台で、能が七番まで興行された。能が三番まで終わると、秀忠は再び書院に通されて、七五三の膳が供された。

七五三の膳とは、最初の本膳に七品、二の本膳に五品の料理、三の本膳に三品の料理が出されることである。最高のおもてなしとされた食事様式だ。食事の間も、利常は秀忠に貞宗の銘がある刀などを献上している。七五三の膳が終わると、再び広間に戻って能を鑑賞した。能が終わると、秀忠の還御となる。

本郷屋敷への御成は、三代家光の時が最初である。寛永六（一六二九）年四月二十六日に家光が、同二十九日には前将軍秀忠が本郷屋敷に御成となった。前田家側は、寛永三（一六二六）年から準備に取りかかり、本郷屋敷内に御成御殿を建設した。殿舎だけでなく、庭園（育徳園）も造成されるという大規模な土木工事であり、完成まで三年を要した。この時、将軍を迎えるために造られた庭園内の池（心字池）こそ、夏目漱石『三四郎』の舞台三四郎池だったのである。

お国自慢の饗応膳

翌七（一六三〇）年四月十八日には、薩摩藩島津家に家光の御成があった。島津家も関が原以来、徳川家とは緊張関係にあった。幕府としては、前田家、島津家と、生まれながらの将軍家光に対して次々と臣従の礼を取らせ、将軍権力の基盤を磐石なものにしたかったはずだ。

当時、島津家は江戸城近くの桜田に上屋敷があった。同二十一日には、秀忠の御成もあった。島津家では二年前より、御成御殿や御成門の建設をおこなっていたという。広間、御成書院、数寄屋、能舞台、楽屋、料理所など、御殿の規模は計七百坪を下らなかった。天井や壁は、狩野休伯、内膳（二代目）など幕府の御用絵師が腕を振るった。御成門は檜皮葺で、彫り物も各所にちりばめられた。

この時出された食事も、やはり豪華なものだったが、江後迪子氏によれば、一の汁には鶴が使われた。ゴボウや松茸も入っていた。鶴のお吸い物は、当時の最高級料理だった。鶴は長寿の象徴として、古来より珍重されていたのである。

鶴のお吸い物の作り方だが、鶴の骨を煮出しただし汁で、鶴の肉を煮て、白味噌を加える。取り合わせの野菜を入れ、酒も調味料として加えた。鶴の香りが逃げないよう、鍋の蓋は開けないのだと言う。

その一方、鹿児島の郷土料理である筍羹《しゅんかん》も出されている。筍羹とは筍料理であり、タケノコにワラビ、エビ、ハマグリ、とこぶし、カマボコなど五、六品を取り合わせた煮物のこと。現在は、孟宗竹《もうそうちく》にゴボウ、人参、しいたけ、桜島大根、ねぎなどの野菜、そして豚の三枚肉を加えたものになっている（江後迪子『大名の暮らしと食』同成社、二〇〇二年）。前年の加賀藩本郷屋敷御成にあたっても、前田家では饗応の膳部の食材として、わざわざ国元から、北陸名産の鮎、鱒《ます》などを取り寄せている。国元から食材を取り寄せたり、あるいは郷土料理を出すなど、至れり尽くせりの饗応膳だった。

ところで、この時の道具類は、御成の時だけに使われたものだったらしい。前田家の場合、この時に使用された御膳や食器類が、東大構内の発掘調査により大量に発見されている。御成が終わると、屋敷が広大だったこともあるが、食器類などは一括廃棄してしまったようだ。一度きりしか使わないとは、いかにももったいない話だが、こうした処置も将軍への敬意からなのだろう。次に御成がある時は、また新調されるのだ。

御成門の建設ラッシュ

この頃の江戸では、将軍（大御所）による大名屋敷への御成が頻繁におこなわれた。将軍の御威光を知らしめる手段として、大いに活用されたわけである。御成先の大半が有力外様大名であったことは、そうした幕府の意図を何よりも示している。

迎える大名側も、豪奢な御成御殿を建設することが幕府から求められた。御成門は、見物人がやって来るほどの豪華さだった。御成門も御成御殿も、将軍の存在をはるか遠いものとして感じさせる巧妙な装置であり、演出のツールに他ならない。

図6は、大手門近くにあった福井藩初代藩主松平伊予守忠昌邸の御成門の復元模型である。当時の江戸には、こうした壮麗な御成門がかなりあったようだ。御成門とは、将軍の御成を迎えるためだけに造られた門であり、御成以外の時は閉められた。当の大名にとり、将軍を迎えるということが、いかに大きな負担であったかが分かるだろう。

図6　福井藩上屋敷の御成門の模型（江戸東京博物館所蔵）

幕府にとって、御成とは将軍をトップとする武家社会の序列を明示できる絶好の機会だった。城外に出るわけであり、警護の人数が膨れ上がるのは当然なのだが、将軍の御威光を知らしめるためにも、仰々しい行列を組む必要があったのだろう。将軍に随行した家来の数はよく分からないが、数千人以上の規模であったことは間違いない。

当然、用意する食事も莫大な量になる。元和九（一六二三）年二月十三日の尾張藩邸への秀忠御成を見ると、当日の膳部だけで、二千二百六十人前に及んだという。

時代は少し下るが、元禄十五（一七〇二）年四月二十六日にも、五代綱吉が加賀藩本郷屋敷に御成となっている。この時などは、前田家は朝夕で、七千人前以上の膳部を用意した。御成に要した経費は、総額で二十九万八千両に及んだとされる。迎える大名側にとって、いかに大きな負担であったかがよく分かる数字だ。しかし、将軍の御成とは、自分の家をアピールできる絶好の機会でもあった。他大名家との差別化がはかれるツールに他ならなかった。

泰平の世になるにつれ、大名は武力によって、自分をアピールする場を失った。参勤交代制度により、他大名と一緒に江戸での生活を余儀なくされた。その一方、同制度により、江戸は全国から人やモノや情報が集まってくる巨大な情報文化都市に成長する。諸大名にとり、江戸は自分をアピールするのに最高の舞台だった。よって、無理をしてでも、贅を尽くして将軍を迎えたのだ。

たとえ大きな財政負担を伴うものであっても、将軍を自邸に迎えたことが江戸市中の評判となれば、自分のプライドは満たされる。こうして、諸大名の競争心があおられた結果、次々と、江戸の町に豪華な御成御殿や御成門が建設されていくのである。

政治から遊興への変化

しかし、家光の頃になると、御成先に変化が表れる。家光は将軍在職中、約三百回も、諸大名などの江戸屋敷を訪れている。大半は、寵臣《ちょうしん》である特定の譜代大名だった。その回数を見れば、将軍の信頼度も一目瞭然というわけだ。

一方、外様大名への御成も継続されるが、その数は激減する。将軍権力の基盤が固まりつつある政治状況がよく反映されている。莫大な負担を強いられる外様大名への配慮もあったかもしれない。幕府にしても、将軍が数千の家来を連れて赴くわけであり、その負担は決して小さくはなかった。

佐藤氏の整理によると、ダントツの御成先は酒井忠勝邸であり、何と百回以上にのぼる。次いで、家光に殉死した堀田正盛邸（七十七回）、家光の剣術の師柳生宗矩邸（三十二回）の順である。

家光の場合、御成と言っても、外様大名の場合のように、贅の限りを尽くしたもてなしを受けるのではなかった。朝から夕方まで、一日かけて御成の行事が展開されるという性格のものでもない。家光が鷹狩りや水泳の稽古のため、城外に出る際に立ち寄るという形が取られている。午後になって立ち寄る事例も多かった。滞在時間も短かった。

正式の御成では、式三献や七五三膳、献上などの儀が、その主たるコンテンツだった。ところが、家光の場合、相撲、当世風の風流《ふりゅう》踊り、花火、乗馬などを楽しんでいる。風流踊りとは、伝統的な古風な踊りではなく、当世風の踊りだった。流行唄に合わせて踊る歌舞伎踊りをアレンジしたものらしい。幕府権力の安定化に伴って緊張感も薄れ、御成は遊興的な性格を強めていくのである。

御成から生まれた町名

家光が頻繁に訪れた酒井忠勝邸というのは、現在の新宿区矢来町一帯のことである。酒井忠勝は家光に非常に重用された人物であり、後に大老にまで進む。

忠勝は寛永五（一六二八）年三月に、牛込の地に約四万坪もの屋敷地を拝領した。当時、忠勝は武州川越藩主（同十一年に若狭小浜に転封）で、上屋敷は江戸城近くの辰口にあった。上屋敷は藩主が政務を執り、家族や家臣も居住する。中屋敷は藩主の隠居所や世子の邸宅、災害時の避難場所。下屋敷は避難場所や別荘のような位置付けだった。

牛込屋敷は、下屋敷として使用された。つまり、家光は忠勝の別荘を頻繁に訪れたのである。家光が最初に牛込屋敷を訪れたのは、寛永十四（一六三七）年三月二十一日のことで、鷹狩りからの帰りだった。この年だけで、家光は十二回も訪れている。

図7は、少し時代が下るが、宝永五（一七〇八）年時の牛込屋敷の図面である。図の

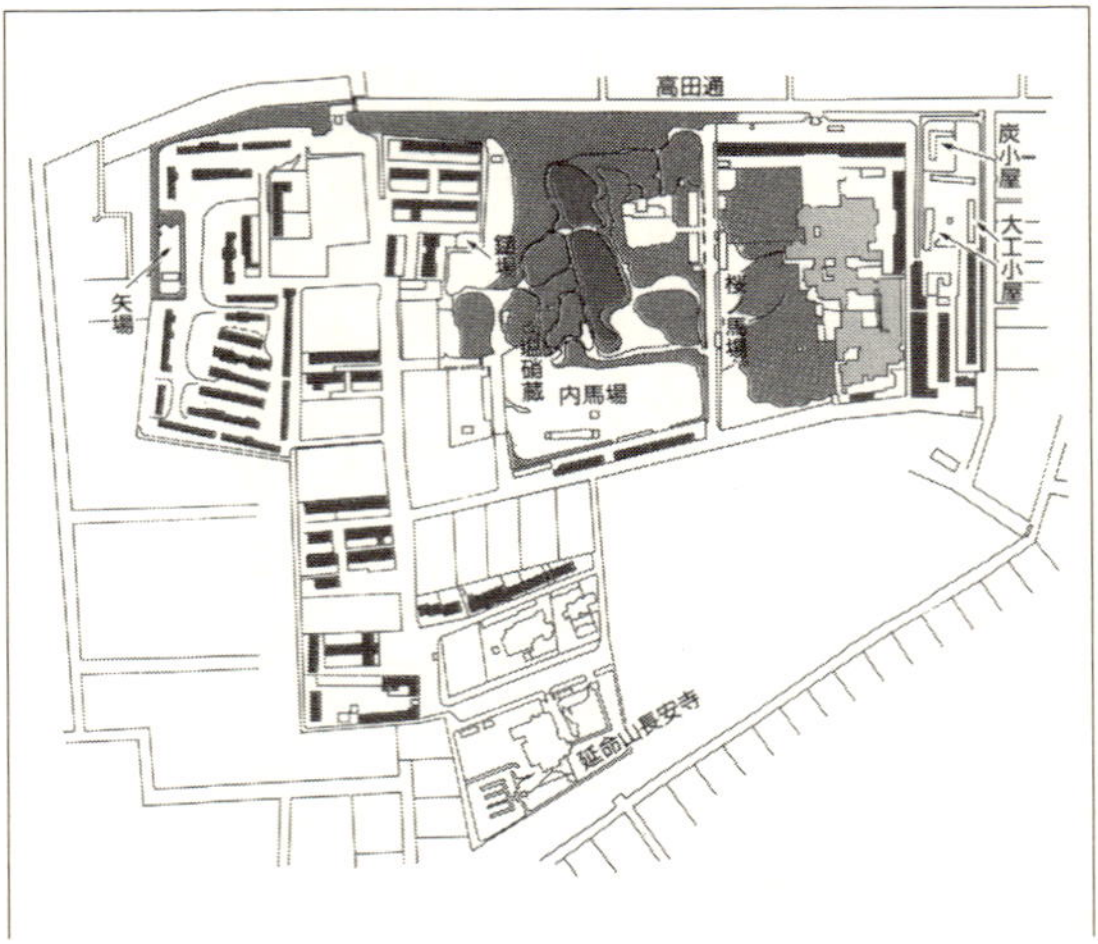

図7　小浜藩酒井家牛込矢来屋敷内配置図（『大名屋敷　儀式・文化・生活のすがた』より）

上部に高田通（現早稲田通り）とあるが、現在の東京メトロ東西線神楽坂駅にあたる。この高田通りを東に下っていくと、江戸城外堀、牛込御門に至る。高田通りを下って、家光は帰城していったのだろう。

桜の馬場の東にある建物は、「中の丸」と呼ばれた御殿であり、御成御殿としての役割を果たしていた。正保元（一六四四）年に、忠勝が「中の丸」に家光を迎えている記録もある。

御殿の向い側には、中央部に池がある庭園が造成された。「山里御庭」と呼ばれた庭園は、小堀遠州流とされる。庭園内の池は、「ひたるが池」と呼ばれた。茶亭もいくつかあった。馬場もあり、乗馬を楽しむこともできた。そもそも、牛込屋敷内の庭園とは家光のために造られたものだった。図面の下方には、延命山長安寺《えんめいざんちょうあんじ》という寺院が描かれている。寺名は家光が、山号は品川東海寺の澤庵《たくあん》が付けた。忠勝は家光の死後、長安寺の書院に位牌を安置している。この後、長安寺は歴代藩主の菩提寺となり、江戸で藩主が死去した時は長安寺、国元で死去した時は小浜の空印寺《くういんじ》に埋葬された。大名屋敷内に菩提寺があるのは珍しく、酒井家の牛込屋敷だけだったらしい（鈴木靖「小浜藩酒井家牛込矢来屋敷」『大名屋敷　儀式・文化・生活のすがた』新宿区教育委員会、一九九三年）。

後に牛込屋敷は、酒井家家臣の住宅地としての役割が大きくなる。長屋も多く建てられている。「解体新書」の翻訳で知られる小浜藩医杉田玄白は、この屋敷で生まれた。だが、何と言っても、牛込屋敷を有名にしたのは、周囲に廻らした竹矢来だった。

竹矢来の由来には諸説あるが、寛永十六（一六三九）年の江戸城大火の時、あるいは明暦三（一六五七）年の大火（明暦の大火）の時、将軍が牛込屋敷に避難したことがあったと言う。明暦の大火ならば、四代家綱だ。警備の御家人たちは、抜き身の槍をもって警護したが、その様子を模して、酒井家は屋敷の周囲に竹矢来を造ったという（図8）。将軍の警護に由来するこの矢来が、次第に江戸の評判となり、いつしか、牛込屋敷周辺は

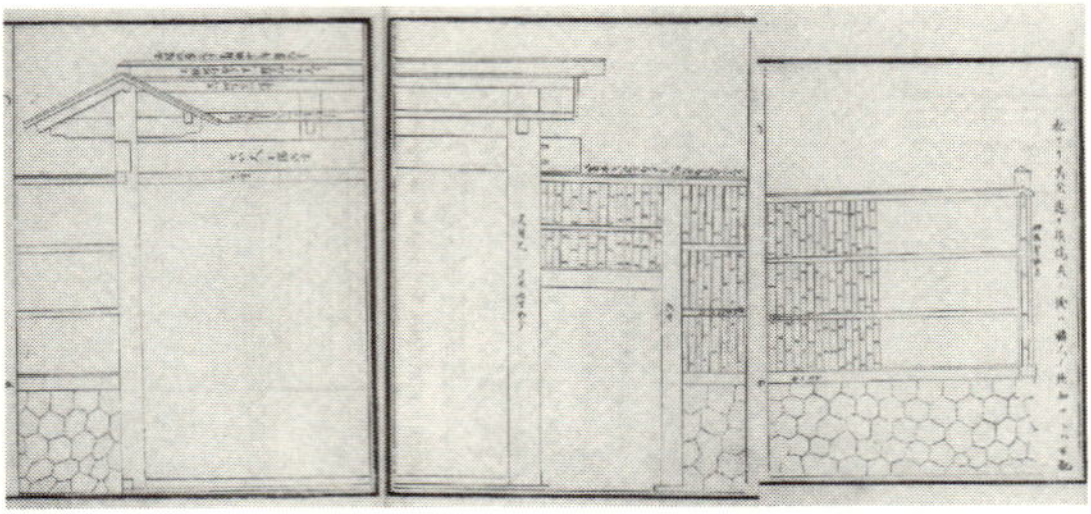

図8　竹矢来の図（『大名屋敷　儀式・文化・生活のすがた』より）

矢来下と呼ばれるようになった。

明治に入り、広大な酒井家牛込屋敷を中心に町が区画された。そして、町名を付ける段になったが、江戸以来の俗称に基づき、牛込矢来町と命名された。現在は矢来町という町名である。町名の起源は、まさに将軍に求められるわけだ。

平成十六（二〇〇四）年九月、新宿区は福井県小浜市を通じて、「小浜藩下屋敷説明碑」「杉田玄白生誕地顕彰碑」の寄贈を受け、区内矢来公園に設置した。町名の変更により、町の歴史が忘れ去られるなか、矢来町の由来は約四百年の時空を越え、改めて記憶されたのである。

二　御成の舞台裏

見所満載の戸山荘

家光に続けて、五代綱吉も寵臣の邸宅への御成を頻繁におこなった。なかでも、柳沢吉保邸への御成の回数が群を抜いていたことは、よく知られている。綱吉の代になると、将軍権力の基盤は磐石なものとなり、事実上御成は全くのお遊びとなる。この柳沢家の駒込下屋敷は、現在は六義園として、その面影をよく残している。華やかな元禄文化を今に伝える東京の観光名所だ。

しかし、綱吉以後、将軍が大名屋敷に立ち寄ることはあまりみられなくなったようだ。将軍にとっては、堅苦しい城内の生活では味わえないおもてなしの数々が楽しみだったが、受け入れる大名にとっては、接待の準備がとにかく大変だった。幕府としても、諸大名の負担をおもんばかったのだろう。吉宗などは大名屋敷を訪問せず、鷹狩りという形で頻繁に城外に赴き、大いにリフレッシュしている。

ところが、遊興に走った将軍のイメージが強い十一代家斉の代になると、再び大名屋敷に立ち寄るケースが見られるようになった。ただし、大名側の負担を考慮し、鷹狩りのついでに立ち寄るという形を取るのが通例だった。

家斉は特に、尾張徳川家戸山屋敷での遊覧を非常に楽しんだ。戸山屋敷内の庭園は戸《と》山荘《やまそう》と呼ばれ、当時非常に人気の高い大名庭園（池泉回遊式庭園）だった。

尾張家の上屋敷は市谷にあり、現在は防衛庁の敷地となっている。尾張家は市谷屋敷

（七万五千坪程）のほか、麴町、四谷、築地など江戸の各所に屋敷を持っていたが、なかでも、戸山屋敷は十三万坪以上という最大の面積を誇っていた。戸山屋敷は現在の新宿区戸山一帯であり、国立国際医療センター、早稲田大学文学部、戸山ハイツ、学習院女子大学、戸山公園などを含む範囲だ。

寛延二（一七四九）年の記録によれば、戸山荘内には神社や堂塔が三十八ケ所、茶亭も百七ケ所あった。本物そっくりの宿場町もあり、旅の楽しみが味わえる趣向になっていた。

建物だけでなく、景観も素晴らしかった。山あり谷あり。巨大な池や滝。のどかな田園風景も造られていた。そのうちの二十五景は、「戸山荘二十五景」として広く喧伝された。

戸山荘の知名度をアップさせたのは、何と言っても、東海道小田原宿をモデルにしたと伝えられる御町屋通りだ。ここには、三十七軒もの町屋が七十五間（約百四十メートル）にわたって立ち並んでいた。一軒の間口は平均約三間（約五・五メートル）。実寸大に造られており、まるで時代劇のセットのようだった。町屋通りは、山林や田園に囲まれていた。山間部の鄙びた宿場町に出てきたような錯覚に陥る趣向で造られたらしい。

この宿場町には、米屋、酒屋、味噌屋、八百屋、炭屋、油屋、菓子屋、薬種屋、小間物屋、和本屋、植木屋、旅籠屋などの店舗が軒を連ねた。弓師、矢師、鍛冶屋などの職人の店もあった。普段は、何も商品は置かれていなかったが、尾張家が将軍や他大名などを迎える時になると、暖簾が掛けられ、看板が飾られ、商品が陳列された。将軍はもとより、随行の武士たちもウィンドウショッピングが楽しめる趣向になっていた。将軍の目に留まった商品は、お土産として献上された（小寺武久『尾張藩江戸下屋敷の謎』中公新書、一九八九年）。

見所満載の戸山荘を家斉が最初に訪れたのは、寛政五（一七九三）年三月二十三日のことである。鷹狩りを楽しんだ後、戸山荘に向かった。家斉一行は、尾張家の接待を心行くまで楽しんだが、藩主の徳川宗睦《むねちか》からは檜の重箱が三組献上されている。尾張家に限らず、将軍が大名屋敷を訪問する際、このような主従関係を確認する儀式は、必ず執り行われることになっていた。

名古屋からの御宝でアピール

家斉はその後も、寛政七（一七九五）年四月九日、九（一七九七）年五月二十一日、十

（一七九八）年十月七日と、毎年のように戸山荘での遊覧を楽しんだ。文化十五（一八一八）年四月十五日には、家斉と十二代将軍となる世子家慶が鷹狩りからの帰り、揃って訪れている。

幕府としては、将軍が鷹狩りの序《つい》でに立ち寄る形を取ることで、迎える側の尾張家に、できるだけ負担が掛からないよう配慮していた。しかし、そうは言っても、いざ将軍を迎えるとなれば、軽く済ませるわけにもいかなかった。

将軍（家斉）が訪れたのは、戸山荘だけではなかった。紀州家の赤坂屋敷をはじめ、各大名の屋敷を訪れ、心尽くしの接待を受けている。

だが、諸大名にとって、将軍御成というイベントとは、自家をアピールできるツールである以上、いきおい接待合戦に走らざるを得ない側面もあった。他大名と少しでも違うおもてなしをすることで、江戸での評判を勝ち取りたかった。尾張家のプライドも掛かっていたのだ。

こうした江戸の競争社会のなか、戸山荘の数々の見所も生まれていった。だが、一連の接待は尾張家に重い負担となっていく。

寛政五年の御成当日、戸山荘内の茶亭に飾り付けられた絵画や掛け物などは、どれも一級品ばかりだったが、これらの品々は、江戸屋敷に収蔵されているものではなかった。わざわざ国元の名古屋から、当日だけのために運ばれてきた。家斉に随行した先手弓頭三上季寛《すえひろ》は、「和田戸山御成記」という見聞記で次のとおり述べている。

けふ《(今日)》の御もてなしの御調度どもは、皆御宝にて、尾張国より、はこびもて来しものなるが、程もなく築地の御屋敷なる御蔵へ運き行て舟艤《しゅうぎ》し、尾張国の御宝蔵へ送り、かりそめに造られし御調度迄、一ツとして残し給はず、皆御宝の数に入られたるよし（「和田戸山御成記」『東京市史稿』遊園篇二、東京市、一九二九年）。

当日用意された尾張家の御宝の数々は、御成が終了すると、江戸湾に面する尾張家の築地屋敷に運ばれ、船で名古屋に戻されてしまったという。火事は江戸の華であるため、宝物は国元で保管していたらしい。

安宅峯子氏によれば、床の間の飾り付けに用いられた品々のなかには、エリキテール、顕微鏡、ギヤマンなどもあった。エリキテールとは、平賀源内で有名なエレキテルのことだろう。和風の絵画だけでなく、西洋の文物も戸山屋敷に運ばれ、家斉の御上覧品になっていたことが分かる（安宅峯子「戸山屋敷への将軍御成について」『尾張徳川家戸山屋敷への招待』新宿区教育委員会、一九九二年）。この日の戸山荘は、国際博覧会の展示場としての顔も持っていたのだ。

戸山荘には、将軍をはじめ、諸大名や幕府高家衆なども訪れたが、おもてなしにもランクがあった。家斉の弟で、御三卿田安家の当主となった田安斉匡《なりまさ》が、文政七年（一八二四）十月三日に戸山荘を訪れた時は、家斉と同ランクのおもてなしだった。

柳営より入らせられしおほん時も、此茶やには毛氈《もうせん》を敷き、かけ物・活花のたぐ（類）ひかざり付の品々ありしよし、こたびも、そのまうけ（設）すべきやうの事、その事にあづかれる人々よりきこえ侍る、すべて所々みこし懸らるべき家ゐには、みな毛せんを敷き、餝付《かざりつけ》の品々は、みな柳営より御入ありし時の通り、まうけらるべきよし
（土居清健「戸山枝折」『東京市史稿』遊園篇三、東京市、一九三〇年）。

この「戸山枝折」の著者土居清健《きよたけ》は、この時は田安家の家臣である。当日の下見として、戸山屋敷に派遣され、準備が進む庭内を廻っているが、その時の見聞記だ。

土居は接待担当の尾張家家臣から、斉匡が立ち寄る茶亭などでの飾り付けは、柳営つまり将軍御成の時と全く同じという説明を受けている。斉匡が家斉の弟であったため、将軍と同ランクのおもてなしになったのだろう。

庭園整備もひと苦労

尾張家の準備は、御宝の飾り付けだけではなかった。何をおいても庭園内の掃除、つまり生い茂る樹木の枝葉を、適宜伐採しなければならなかった。十三万坪だけあって、大仕事になってしまうわけだが、その様子も、土居は見ている。

大原を北のかたへ過るに、拍子木高やかにひゞきこゆれば、爰《ここ》の木のもと、かしこの松かげ、山を下るもあり、原をはしるもあり、鍬・かま《（鎌）》なぞたづさ《（携）》へ、箒横たへ、くま《（隈）》〲より出きたりて、餉《かれいい》をつかふ、これはこたびのみまふけ《（御設）》に、みその《（御園）》の掃除し侍るならし（「戸山枝折」）。

土居が大原という芝野を過ぎた頃、拍子木が高らかに鳴った。昼御飯の合図だったようだ。それを合図に、木の下や松の陰から人が出てきた。彼らは手に鍬や鎌や箒を持っていた。斉匡の訪問に備えて、庭掃除に携わっていた者たちである。

庭園整備の実務を担当したのは、尾張家の御用を勤めていた江戸近郊の経済力ある豪農だった。この時期、江戸屋敷の庭園整備を請け負っていたのは、戸山屋敷近隣の豊島郡戸塚村（現東京都新宿区）で名主役を勤める中村甚右衛門という者である。残念ながら、どれくらいの間隔で庭園が整備されたのかは分からないが、将軍御成に伴う整備については、記録が残っている。

文化十五年四月十五日、家斉と家慶は、揃って戸山荘を訪れたわけだが、その準備過程で、尾張家は甚右衛門に庭園整備を命じている。甚右衛門は近隣の有力者に声を掛け、農民たちを掃除人足あるいは杣《そま》人足として雇い上げた。三月七日から四月四日まで、一日平均百人ほどの農民が、戸山荘に出張して整備作業にあたったようだ。

尾張家から甚右衛門に支払われた作業賃は、掃除人足の日当が銭二百五十文、杣人足が銀三匁二分五厘。杣人足の方が約四割増だった。総額で百二十五両ほどである。

掃除人足に出るのは農間稼《のうかんかせ》ぎのようなものだったが、山仕事である杣人足に出られる農民の数は少なかったということなのだろう。戸山荘の地勢が、たいへん起伏に富んでいたことが想像できる。巨大庭園だけあって、庭いじりというより、庭園の整備事業という感じだ。

近郊の農民にとってみると、ありがたいアルバイトだった。これなども、将軍の御膝元であるがゆえの余禄だろう（安藤優一郎「尾張藩出入百姓中村甚右衛門家の庭園掃除御用」『徳川林政史研究所研究紀要』三四、二〇〇〇年）。

三　御庭拝見

将軍の来た庭が見たい

江戸の大名庭園は、将軍や他大名を接待する場として活用されたが、普段はその大名の家臣であっても、自由に入れない閉じられた空間だった。その分、庭内を見たいという気持ちは高まり、庭園の魅力や価値がアップする。将軍が訪れたとなればなおさらだ。

これに目を付けた各大名は、庭園の見学を特別に許可することで、主君のありがたみ（御仁徳）を感得させようとした。御庭拝見という行事を、主従関係を再確認するツールとして組み込もうとしたわけだ。

こうして、御庭拝見はその大名家の公的な儀式に高められていく。その大名家にとっても、主従の固めの場になっていたのだ。将軍も訪れた戸山荘などは箔が付いて、さらに魅力を増したことは間違いない。将軍の御威光も利用しながら、自身の求心力、つまり御威光を高めた。将軍の御威光も大名家の家中に浸透する仕組みにもなっていた。

尾張家では、藩主に拝謁できる江戸詰の家臣に、戸山荘の拝見を許していたが、同じ御三家の紀州家の場合はどうだろうか。

紀州家も、赤坂の上屋敷に「西園《さいえん》」と称された大名庭園があった（現赤坂御所）。江戸でも評判の庭園で、文政十（一八二七）年九月十八日には、家斉が御成となり、その名声はさらに高まる。紀州家としては、戸山荘を抱える尾張家への対抗意識もあっただろう。

この庭園の拝見資格は、次のとおりだ。

此苑、容易拝観を得ずと雖も、紀府より供奉《ぐぶ》乃至《ないし》勤番《きんばん》の士は、請願之上、允許せらるゝを恒例とす（『南紀徳川史』第一七冊、名著出版、一九七二年）。

たやすくは拝見できないものの、藩主の御供で国元の和歌山から出てきた者、ないし江戸勤番の者は、その旨を願い出た上で、許可されるのが通例だった。紀州家も事情は同じようなものだが、拝見を許可されたのは、家臣だけではなかった。

白幡洋三郎氏によれば、邸内稲荷社の初午祭（二月）や秋葉社の祭典（十月）の時は、家臣の子供で十五歳以下の男子は、グループでの見学が許された（白幡洋三郎『大名庭園』講談社選書メチエ、一九九七年）。家臣予備軍の段階から、庭園の魅力をインプットさせ、藩主のありがたみを感得させたのだ。家臣としての研修教育の場にもなっていたということだろう。

雰囲気満点、囲炉裏の食卓

西園には、文政十年九月の家斉御成の準備過程で、新しい見所が次々と誕生した。なかでも、長生村というスポットは凝ったものだった。ここには十二戸の農家が建てられていたが、一歩足を踏み入れると、本当の村に居るかのような錯覚に陥ったという。この古井戸の水を飲むと長寿になる、という言い伝えから長生村と命名された。

西園では、藩主自らホスト役をつとめることもあった。日々堅苦しい生活を送っている殿様にとっても、これは楽しみだったようだ。ある年の四月十八日、御三卿清水家の御広敷御用人を勤めていた村尾正靖（嘉陵）らは、紀州藩主徳川斉順《なりゆき》から招待を受けた。

家斉の七男である斉順は、最初は清水家に養子に入った人物だが、文政七（一八二四）年に第十一代紀州藩主となった。斉順が紀州家を継いだのを受けて、家斉が赤坂屋敷に御成となったのだろう。斉順の子が十四代将軍家茂だ。御広敷御用人とは奥向きの御用を勤める者であり、正靖は清水家当主時代の斉順とも接触があった。

正靖たちは斉順に御殿で拝謁した後、園内の各スポットを回遊している。例の長生村に入ってみると、農民はいなかったが、直前まで、そこで生活していたかのような雰囲気が再現されていた。

囲炉裏ではほだがくべられ、薬缶の湯がたぎっていた。串に刺された川エビや小魚があぶられ、鍋には焼き豆腐、芋、大根などが煮られていた。土間の入口には、大根、タケノコ、ゴボウ、ふき、ワラビなどが入った荷籠が、明日の出荷に備えて置かれていた。家の前の畑には、菜の花や春菊の花が咲き、芋も植えられていた。

殿のお酌に臣感涙

長生村を過ぎると、鳳鳴閣《ほうめいかく》という茶亭に到着した。そこでは藩主の斉順（「相公」）が待っていた。正靖ら招待客は、毛氈が敷かれた板縁に着座した。いよいよ、斉順をホストとする酒肴の席がはじまる。

　この御茶屋に先達て、相公おはしまして、御まへに侍らふべきよし仰に依て、御板掾に毛氈敷たる処に各《おのおの》着座、又御小性衆して御茶たび《（賜）》、やがて御吸もの給はる、さゝめき鯛調したる也、御肴はひらめのさし身、一種はくわひ、玉子、麩《ふ》はいかと云ふもの、甘露梅抔《など》五ツ品を皿に盛てたぶ、各御酒たび、やゝ酔はべりし頃、さきの長生村の田家に在し、曲突《くど》の鍋を其まゝに、御次までもて参り、うち成ものを皿に盛てたまはす、芋・やきどうふ・大根抔調したる也。侍ふ人々かはる〳〵、御酌に立て数献の後、次郎太郎より始めて各、御あたり近くめされ、御手づから御注子とらせられて、一献をたまはる、おのれもはふ〳〵出て、御酌のみき《（御酒）》たまはる、一ツはまはせらるべくと内蔵允《くらのじょう》申す、相公、いやとよ、元より飲ざるを強てんにあらずと仰せられ、少し計《ばかり》つぎてはまはす、よくも飲ざりしことおぼへまし〳〵けると、殊にかしこまりにたへず、古を思ひ合すに、将たる人、士卒を愛して、一言の芳詞

の下に、人命を捨るためし、少なからぬも、かゝるたぐひにこそと、心のうちに感なきにあらず、

身にあまるかたじけなさを思ふにぞまづほろ〳〵と涙落けり

(村尾嘉陵「嘉陵紀行」『江戸叢書』一、江戸叢書刊行会、一九一六年)

そのメニューだが、御茶の後、鯛のお吸い物が出された。本膳は、ひらめの刺身、くわい、玉子、麩はいか、甘露梅の五品だった。もちろん、酒も出された。

酔いが回ってきた頃、長生村から、焼き豆腐や芋などが煮られた鍋が、そのまま届けられた。次の間で皿に盛られ、各自の前に出された。このために、前もって調理の様子を見せたわけだ。

ホスト役の紀州家の家臣が、代わる代わる正靖らの前に出てお酌をした。数献重ねた後、招待客のうち木村次郎太郎という者から、斉順の御前に進み出た。斉順は手ずから、お銚子を持ってお酌をしている。

正靖の番となった。紀州家の用人筒井内蔵允からは、御酒なので、当然の礼儀として一盃は呑み干すように、と声が掛かった。しかし、斉順は正靖に対して、酒があまり呑

めない者に無理強いはしないと言葉を掛け、少ししか注がなかった。

正靖は酒に弱かったようであり、それを斉順も覚えていた。斉順の心遣いに、正靖は感激した。将の言葉一つで、感激した士卒が一命を捨てる例は古来少なくないが、まさにこれだと言うわけだ。感涙に堪えない気持ちを込めた一首も詠んでいる。

多少大げさと言えなくもない。なにしろ、当時正靖は斉順の家来ではないのだ。しかし、これが本当の主従であっても、家臣には感動ものだったろう。言い換えれば、旧主人が自分の酒量まで覚えていてくれたからこそ、感動は数倍になったのだ。当時の武家社会で酒宴が果たす役割が、よく分かる光景ではなかろうか。

その後も、焼いた鯵、長生村の囲炉裏で串焼きにされた川エビが出された。酒が呑めない者には御飯が出された。お腹が一杯になると、茶菓子が出された。お菓子は羊羹、饅頭、紅梅餅の三品だった。江戸の高級料亭に勝るとも劣らない食事の数々だ。

最後に、長生村から大根、ゴボウなどが入った荷籠が届けられ、お土産として各自頂戴した。テレビの旅番組を見るかのような、こころにくい演出だ。食空間の雰囲気が大事にされた様子も伝わってくる。

勤番侍酒井伴四郎のやけ酒

主従関係を再確認する舞台にもなった御庭拝見。大老井伊直弼の横死直後、国元から江戸に出て来た紀州家の下級藩士酒井伴四郎《ばんしろう》も、西園の拝見を許された江戸勤番の一人だった。その際、酒井ら江戸勤番侍は庭内の洗心亭《せんしんてい》で、藩主徳川茂承《もちつぐ》に拝謁している。

御庭え参り候ところ、洗心亭の向にて、御用人馬場源右衛門指図にて、宇佐美・宇治田・酒井・村井・白井・佐津川・高瀬・田中・大石、此順にて、腰を縮め居り候はば、上には出御在らせられ、予が正面に立たせられ、御用人御被露（披）申し上げる、夫より頭を上げて伺い候へと申し候間、頭を上げ伺い奉り候ところ、誠に柔和の御想（相）にて、八丈縞の御召物に茶の御肩衣、御袴は気付き申さず候、外の人々は、只恐れ入り、頭をも上げえず、如何成る殿様か知らずに済み候事、夫より又、外御庭拝見いたし候ところ、中々詞にて筆紙にて尽し難く、二度三度拝見いたし候とも、中々覚かたく候、所々のお茶屋にて、御煙草盆・御茶下さる（「江戸江発足日記帳」）。

万延元（一八六〇）年十月六日、酒井ら九名が平伏しているところに、茂承がお出ましとなった。立ったままである。その後、面を上げて御挨拶という段取りだったが、酒井以外の者は、茂承の顔を見ることができなかった。

こうした場合、直接顔を拝見するのは非礼だった。それは、殿様と家臣の関係でも変わらないが、ちょうど酒井の前に立っていたため、運良く茂承の顔を拝見できた。もちろん、じっくり拝見したというのではなく、チラッと見たという程度のものだったろう。

拝謁後、酒井らは西園を見て回った。見所も多く、二度や三度拝見したぐらいでは覚え切れないほどの素晴らしさと絶賛している。庭内の茶屋では、お茶や煙草盆を賜った。酒井にとっては、恩賜の煙草盆は江戸土産のようなものだった。江戸ははじめての酒井は、連日のように江戸の観光名所を回っていたが、自分が長屋住まいをしていた赤坂屋敷内の西園も、その一つに含められよう。

同じ月の十九日、今度は芝屋敷の庭園を拝見している。海に面した絶景の庭園であり、将軍家慶も、十年ほど前に二度も訪れたほどだ。現在の旧芝離宮恩賜庭園だが、この日は雨や風が強かった。おまけに、酒井は風邪気味だった。

御庭え出候ところ、甚だ敷き風雨にて、濡ながら御庭拝見仕り候、此上もない絶景、誠に菓子の様成る御庭にて、是は晴天に拝見いたし候事なれば、何共、爰にて死にたきばかりに候えども、何を申し候ても、甚だ敷き風雨、殊に海辺の事ゆえ、寒風心身にしみ通り、風邪の折から、誠につらき事にて御座候、相済み、帰りに、皆そば屋え這入り、外の人は皆かけそばを喰う、予は寒さ凌ぎにて候間、鶏鍋にて酒二合呑み酔い候、其の勢いにて立ち出、半道ばかり参り候内、酒醒め候間、坂下にて、まぐろのあら買い、岩見屋え酒三合申し付ける、帰り候て、衣類を取り候ところ、羽織は勿論、袴着物も上下二枚とも絞るばかり濡れ、肩衣はづん〳〵、紀伊国坂にて傘をくだき、誠に今日の芝御庭拝見は、有り難めいわく、大につらき事にて腹も立ち、やけから酒三合呑み、仕廻いに大に酔ひ、伏し候えば、汗多く出申し候（「江戸江発足日記帳」）。

酒井らはずぶ濡れになりながら、芝屋敷の庭を拝見している。こうした場合、上の許可なくして、勝手に傘を差すことはできなかったらしい。

庭園はお菓子のように素晴らしく、晴天ならば、ここで死にたいほどだったと酒井は言う。だが、激しい風雨にさらされた上、冷たい海風は風邪気味の体にはこたえた。風邪も悪化させてしまったようだ。

酒井らは芝屋敷からの帰途、そば屋に入った。寒さ凌ぎのため、鶏鍋を注文し、酒も二合呑んでいる。他の者はかけそばを食べただけであり、酒井にとっては大奮発だ。その勢いを借りて長屋に戻るつもりだったが、少し歩いただけで、酔いは醒めてしまった。

そのため、まぐろのあらと酒を三合買って、飲み直そうとした。ところが、今度は途中で傘を壊してしまったため、再び、ずぶ濡れになった。

酒井は長屋で飲み直したが、今日の出来事を思い出すと腹が立ってきた。風邪の症状も悪化していたため、やけ酒になってしまったようだ。酒井にとり、今日の御庭拝見は、有り難迷惑以外の何物でもなかった。

やり場のない怒りで痛飲した上、酒井は寝てしまったが、酒のお陰でたくさんの汗をかいた。次の日の日記を見ると、風邪の症状も多少和らいだらしい。酒井は風邪気味になると、酒を薬替わりに呑む癖があった。

しかし、「昨日は、芝え行き候ばかりに、壱歩余り損亡〳〵、大いにつらく当り、難儀〳〵」と書いているように、芝屋敷に行ったばかりに、風邪を悪化させた上、酒やら鶏鍋やらで金一歩（分）も出費してしまった。薬代も高く付いたわけだ（林英夫「単身赴任下級武士の幕末『江戸日記』『新宿区地図集　地図で見る新宿区の移り変わり』四谷編、一九八三年）。

だが、御庭拝見とは、願い出の上、許可されるのが通例で、紀州家の公的儀式のようなものだった。そのため、風邪気味ぐらいで休むわけにもいかなかった。この日記からは、滑稽さとともに、宮仕えの哀感も伝わってくる。

将軍御成の舞台となった大名庭園では、いろいろなドラマがあったわけだが、既にこの時、幕府の倒壊まで十年もなかった。しかし、江戸の大名庭園は、将軍と諸大名、大名と家臣の主従の固めの舞台として、活用され続けた。

酒井にとってはさんざんな拝見だったが、幕府崩壊数年前の段階となっても、将軍をトップとする江戸の武家社会の秩序は厳格に守られ、将軍の御威光も維持されていたことが分かる。血腥い京洛の巷とは全く無縁な時間が、江戸では流れていた。

第四章　御鷹様と江戸の武家社会

一　鷹狩りのシステム

将軍のリフレッシュ

将軍が江戸城外に出る理由として、最も多かったのが鷹狩りである。将軍用に飼い慣らした鷹を野山に放って、鶴、雉《きじ》、雁、ヒバリなどの鳥類やウサギなどを捕らえるものだ。古来より、鷹狩りをおこなうことは権力の象徴とみなされた。

江戸の武家社会でも、将軍の鷹狩りは御威光を維持するためのツールとなっていた。諸大名は将軍から鷹狩りの獲物を拝領する一方、逆に自分の鷹狩りの獲物を献上することで、将軍との主従関係が再確認された。拝領した獲物を料理して食することにも、同じ意味が込められていた。

将軍にとって、鷹狩りとは堅苦しい城内の生活から解放され、城外に出られる貴重な機会だった。そのため、必ずしも鷹狩りだけで帰るわけではなく、その帰途、大名屋敷や寺社に立ち寄る例が少なくなかった。立ち寄った先でもリフレッシュしていた。戸山屋敷でのおもてなしなどは、その最たるものだ。

しかし、将軍はリフレッシュできたとしても、城外に出るとなると、江戸の町はそのたびに、第二章で見たような作法を守らなければならなかった。当日は、火も使えない。鷹狩りで訪れる農村の生活にも、大きな影響を与えざるを得なかった。

将軍が鷹狩りを楽しんだ江戸郊外の地（御拳場）は、現在の東京二十三区域内にほぼおさまる。御拳場は六つに区分され、各区域に現地駐在の鳥見役が置かれた。中野方面の御拳場（中野筋と称される）の場合、高円寺村（現杉並区）にその役宅があった。

鳥見の任務とは、鷹狩りが実施できるような環境の整備である。鷹の獲物が生息できるよう、農村での狩猟活動に統制を加えた。原則として、御拳場では案山子《かかし》を立てることもできなかった。鳥獣害に悩まされる農民にとって、そうした処置が非常に迷惑だったことは言うまでもない。いざ鷹狩りの段になると、農地も踏み荒らされてしまう。

鷹の確保そして飼育にあたったのは、鷹匠《たかじょう》である。雑司《ぞうし》ケ谷《や》（現豊島区）と千駄木（現文京区）に御鷹部屋があった。鷹匠頭は、若年寄支配に属していた。

根崎光男氏によれば、鷹狩りに関する業務を統括したのは、御場《おば》御用掛《ごようがかり》に任命された若年寄だった。将軍が城外に出ると、そこは御場と称されるわけである。鷹狩りに限らず、浅草寺参詣など将軍が城外に出る際には、その都度、御場御用掛が任命されたのである（根崎光男『将軍の鷹狩り』同成社、一九九九年）。

鷹の訓練

幕府は、鷹の確保には非常に力を入れていた。鷹と言っても若鷹だが、東北の諸大名から献上させたり、幕府鷹匠自ら、鷹の産地として知られた蝦夷地（松前藩）まで出向いて調達している（菊池勇夫『幕藩体制と蝦夷地』雄山閣出版、一九八四年）。

ところが、次のような方法もあった。明治に入ってからの回顧談だ。

雑司ケ谷に、近藤という徳川の鷹匠がありまして、その家に厄介となっていますと、広尾の某御下屋敷へ、鷹がよく来るが捕れるかとの話となり、師匠近藤が捕《とり》に往く、供をしましたが、ドウして捕るものかと思っていましたら、その御下屋敷の原中に、一本の松がありまして、この松へ来るので、ソノ松の下を少し離れて、テグス網を張りますが、コレは上を開いて四角に屏風を囲ったようにして、中へ雀五十羽ぐらいの籠を置くのです。朝それを出しちゃア、晩に仕舞う。幾日となく行《や》っていました（『増補幕末百話』）。

雑司ケ谷御鷹部屋にいた近藤という鷹匠は、広尾（現港区）の某大名の下屋敷に出向き、庭内の松の下に、天蚕糸《てぐすいと》の網が張られた籠を置いたという。その中には、鷹の餌である雀が五十羽入っていた。

近藤は毎朝広尾にやってきて、公用と称して屋敷内に入り、この罠を仕掛けた。そして、晩になるとしまうという作業を何日も続けた。六本木ヒルズに程近い広尾は、鷹も飛来してくるほどの自然環境だったのだ。

ある日、鷹が罠に掛かると、近藤はかねて用意していた小さい頭巾を鷹の頭に被せた。以後、鷹匠による調教が開始される。

昼間は雀二羽結んで置いて、夜もまた二羽、コレが一日の御馳走です、夜に至ると、昔の五ツ（今の夜八時頃）より夜中二時頃まで、諸方をすえて歩く、こうして一箇月も仕込む。どうやら馴れたかと思う時分、庭の雀なんぞを合わせて見ると、その鋭さが分ります。ソレから馴らして、よい仕込《しこみ》にしようとします（『増補幕末百話』）。

鷹を拳に据えて街中を歩き、人込みに慣れさせることも調教の一つだが、最初は夜間に連れて歩くことからはじめた。これを夜据《よず》えと称した。次第に、夜間から昼間に移行していくわけだ。

鷹匠が鷹を連れて歩く範囲に、別に決まりはなかったが、江戸四宿の旅籠屋《はたごや》は休憩所に指定されていた。江戸四宿とは、東海道品川宿、甲州道中内藤新宿、中山道板橋宿、日光（奥州）道中千住宿のことである。この辺りまでが鷹を連れて歩く範囲だが、休憩所に指定されると、宿場にとってはたいへんな一日になってしまう。

昼と夜の餌は、雀が二羽ずつとあるが、これは初期の頃の話だろう。鷹匠は鷹に空腹感を味わわせながら、餌を与えて自分に慣れさせ、捕獲の能力をアップさせた。慣れてくれば、朝と昼は雀二羽、鳩一羽、夕方と夜には雀三羽を与えた。雀に限らず、小鳥を使って調教したが、これは掛け合わせと呼ばれた。

仕込みも大変な鶴御成

こうして仕込まれた鷹の晴れ舞台は、鶴を捕獲する鶴御成《つるのおなり》の時だ。京都の朝廷に献上するため、将軍がその拳に据えた鷹で鶴を捕獲するのが、慣例となっていた。

鶴は長寿の象徴として古来より珍重され、鶴の料理が最高級のおもてなしであったことは前章でも述べた。その時期は、鶴が江戸郊外に飛来して来る初冬の頃である。

鶴御成とは、将軍親ら出馬して、鷹を以て鶴を狩るを云ふ。さて鶴御成の場所は、葛西御拳場即ち葛西、小松川両村の代付《しろつけ》に限れり。代付とは鶴を飼付くる場所にて、一代一反歩許《ばか》りの地を云ふ。この処には、二十代即ち二町歩の空地あり。その周囲をば、藁またはもろこしの殻等を以て、注連《しめ》を葺きたる如くに結び下げ、行路の人の代内《しろうち》を見透すを防ぎ、その内に藁小屋を掛け、御鳥見の者、昼夜詰め切りて、餌《え》蒔《まき》の者を指揮し、一日三度、一度五合づゝの籾を地に撒して、鶴を飼ひ付け、御成の時の用に供するなり。

鶴の初め此代を望んで舞下るや、その人に馴るゝの間は多少の時を要すべく、その間は餌蒔は勿論、御鳥見迄農夫の扮装《いでたち》にて周囲を徘徊し、ある時は肥桶を担ひ、また鍬を遣ひ耕作する様を示し、日を重ぬる程に、鶴いつしか人に馴れて、人その傍らを徘徊するも飛び去らぬ迄になるを機とし、御鳥見は、その模様を御鷹匠頭に報知するなり（石井良助編『増補新訂版江戸町方の制度』新人物往来社、一九九五年）。


鶴を捕獲するため将軍が御成となる場所は、現在の江東区、江戸川区、荒川区方面だった（品川方面に御成となる場合もあったという）。今となってはとても信じられないが、この時代は冬になると、江戸にも鶴が舞い降りてきた。そのため、葛西、小松川村内に鶴を餌付けする場所（約二ヘクタール）を設定し、一日三度、五合ずつ籾を蒔きながら、鶴が餌付くのを待った。

鶴が餌付くまでには多少の時間が必要だった。その期間、餌を蒔く者から鳥見役人まで、農夫の格好をして鶴に怪しまれないようにした。肥桶を担いだり、鍬を使って耕作までしたという。仮装までしなければならないとは、鷹場役人も大変だ。

図9　鶴に近づく御鳥見と鷹匠（『増補新訂版江戸町方の制度』より）

そうこうするうちに、鶴も人に馴れ、そばを歩いても飛び去らないようになる。頃はよしと、現地駐在の鳥見から鷹匠頭に連絡が入ると、いよいよ将軍のお出ましとなる。その時期は、例年十一月頃だ。

「上意！　上意！」と鷹激励

鶴御成に動員された人数はよく分からないが、その場面をスケッチしたおもしろい挿絵がある（図9）。「朝野《ちょうや》新聞」に明治二十五（一八九二）年四月から、翌二十六年七月まで、「徳川制度」というタイトルで連載された記事（「鷹の記」）で紹介された。第二章で見たように、明治二十～三十年代に、在りし日の江戸が記録された雑誌がいくつか刊行されたが、この連載記事もその流れの一つである。

将軍、代内に進み給へば、御鳥見、大なる日の丸の扇を高くさし上げ、代の内に埋伏する鷹匠に合図し、扇を高くさし上げたるまゝ、鶴の徜徉《しょうよう》する方に進む。鶴はこれを見て驚き、舞ひ揚らんと羽を展《のば》し、地を離ること一丈七八尺計りに及びたりと見認《みとめ》たるときは、将軍、泰然として鷹を放ち給ふ。

鷹は御拳を離れぬ。驀然《ばくぜん》疾風の如く翔《か》つて、直ちに鶴の下より突き、脱爪もて、その咽喉を摑み、その軀《み》を、鶴の脚間に潜めて、地上に引き落さんとするに、鶴もさるもの、健翼を排《ひら》いて、敵を搏《う》ち落さんとあせりつつ、上天遥に舞ひ揚りて、白《はく》鷲《しょう》蒼羽、勇を空中に相争ふ。されば御鷹匠頭・御鳥見を始め、供奉の内より十人、十五人いづれも今争ひつゝ、飛び行く方に眼を注ぎ、右往左往に馳せ巡り、上意〳〵と叫びつゝ、鷹を励ます。これを力声と云ふ。その様、宛《さ》ながら狂するに似たり（『増補新訂版江戸町方の制度』）。

日の丸の大きな扇が高く差し上げられたのを合図に、鷹匠が鶴の方に向かう。驚いた鶴が、五メートルほどの高さまで飛んだのを見て、将軍は拳に据えていた鷹を放つ。鶴に飛びついた鷹は、地上にひきずり落とそうとするが、鶴もさるもので必死に抵抗する。その空中戦の場には、鷹匠頭や鳥見をはじめ、御供の者たちも駆け付け、上意！

図10 「上意！　上意！」（『増補新訂版江戸町方の制度』より）

上意！　と叫びながら、鷹を激励した（図10）。これを力声と称したが、何とも滑稽だ。

鶴も必死だから、鷹一羽のみでは、なかなか仕留められなかったようだ。その場合、鷹匠は援軍として、鷹を二〜三羽放ったという。

ついに、力尽きた鶴は地上に落ち、その場に鷹匠や御供の者たちが駆け付ける。そのなかで、鶴のくちばしを摑んだ者が一番で、二番乗りの者までが賞与を受けた。

将軍の御前に出された獲物の鶴は、その場で塩漬けにされ、朝廷に献上された。鶴御成の翌日、江戸城を献上鶴は出発し、昼夜兼行で京都に向かった。御鶴様の御通りと称したという。

鷹狩りと言っても、雉を捕獲するのは雉御成、鶉《うずら》を捕獲するのは鶉御成などと呼ばれた。捕獲する鳥類も様々だったが、なかでも、鶴御成は幕府の年中行事としてたいへん重んじられていたのである。

二　獲物の下賜で威光が浸透

拝領鳥による格付け

鷹狩りの獲物や鷹そのものも、諸大名に下賜される仕組みになっていたが、将軍から拝領すると言っても、身分や格式により厳然と規定されたランクがあった。鳥にもランクがあり、鷹は最高級だった。続けて鶴、そして雁、ヒバリの順である。鶴は長寿の象徴として縁起が良いからだろうが、雁とヒバリのランク付けは大きさの違いだろうか。いずれにせよ、拝領する鳥の種類によっても、諸大名は将軍から格付けされた。

鷹を拝領できる大名は限られていた。大友一雄氏によれば、御三家や加賀藩前田家、福井藩松平家、会津藩松平家、彦根藩井伊家など数家のみだった。国元に帰国する時に下賜された。国元では将軍から拝領した鷹で狩猟をおこない、その獲物を塩漬けにして将軍へ献上するのが決まりだった。

家光の後は、綱吉が生類憐みの令を出した関係で、鷹狩りはほとんど実施されなかったが、吉宗が将軍になると、再び盛んになる。吉宗以降の事例で見ると、鷹の次にランクされる鶴（「御鷹之鶴」）を毎年拝領できたのは、御三家と前田家のみであった。仙台藩伊達家と薩摩藩島津家は江戸在府の時のみ。ほかの国持大名は在国の時のみ、一年に二〜三名ずつ順番で拝領した。国持大名の範疇に入るのは、島津家、伊達家など主に外様有力大名十数家であり、数年おきの拝領だった（大友一雄『日本近世国家の権威と儀礼』吉川弘文館、一九九九年）。国持大名の一人である浅野長勲の記憶によれば、箱に鶴が一羽入っているわけではなく、切った身が入っていたと言う（『幕末の武家』）。

雁やヒバリとなると、対象の大名は拡大する。国持大名、それに準ずる大名のうち従四位以上の官位を持つ者、城を持つ譜代大名、幕府の役職に就いていた大名が対象だった。そうは言っても、百人はいなかっただろう。

拝領したのは、江戸在府の時のみである。ヒバリよりも雁を拝領できた大名の方が格付けが高かったようだが、ヒバリさえ拝領できなかった大名も多かった。

塩漬けヒバリで経費節減

諸大名に下賜される鳥類の数は、総量では莫大な量に及んだ。もちろん、将軍一人の鷹狩りだけで調達できるわけではなく、幕府はその調達に奔走することになる。

鷹の調達を担当したのは鷹匠だったが、鷹匠だけでは集めきれず、主に東北の諸大名から献上させていた。鷹だけでなく、鶴も東北の諸大名から献上させていた。将軍というフィルターを通すことで、献上鶴が拝領鶴に化けてしまっていたわけだ。

そうは言っても、拝領鷹や鶴の数はさほど多くはない。だが、下賜対象が拡大するヒバリとなると、その調達はなかなか大変だった。ヒバリの場合、三十羽、五十羽単位で下賜されたようであり、毎年、数千羽のヒバリが必要となった。食べ方は、ヒバリの腸と肝をタタキにし、塩辛のような感じで酒の肴にしたと言う。珍味だったらしい（遠藤公男『盛岡藩御狩り日記』講談社、一九九四年）。

寛政改革の立役者松平定信は、当時江戸に流布していた様々な情報を収集させた人物としても知られる。収集した情報を整理して定信に上申したのは、側近の水野為長だ。この情報集は「よしの冊子」と呼ばれ、寛政改革の裏面を知ることのできる貴重な資料だが、そこに、ヒバリの調達に関する次の記事がある。寛政元（一七八九）年の記事であるが、時の将軍は十一代家斉。定信は将軍補佐役として幕府の最高実力者だった。

御鷹の雲雀《ひばり》、当年は塩鳥にて下され候旨、前広御大名方へも仰せ出され候よし。只今迄は、雲雀数凡《およそ》七千余も取り候て、其内に損じ候事夥しく御坐候て、御不益成る事共に御坐候ところ、当年は塩に相成り候に付き、三千六百余の数にて内損じ候は、たゞ十八羽のよし。右の如く塩にて相廻し候に付き、公儀にても御取り扱ひ宜しく、道中飛脚抔も度々は出申さず、且頂戴致され候諸侯方も、塩に候へば、幾日差し置かれ候ても損じ申さざるに付き、悦び申され候よし、下総・上総へ、御鳥見御鷹匠並びに御鉄炮方同心抔大勢罷り越し候日数、前々は廿四五日、或いは卅日・四十日・五十日も掛り候ところ、此度は十日にて相済み候よし。公儀にては、大いに御倹約にも相成り候事にて、田舎にても、百姓共皆々悦び候よし。併《しか》しながら、右罷り越候者共、何れも野扶持雑用も下され候に付き、日数多く懸り候程、頂き物も多く候間、為には宜しく候ところ、此度は右の通り、日限少く候に付き、野扶持抔も少し計りにて、却て人々、大いにたしまへ入り候に付き、例と違ひ大難義と申すさた（沙汰）（「よしの冊子」『随筆百花苑』八、中央公論社、一九八〇年）。

寛政元年より、ヒバリは塩漬けにされて、諸大名に下賜されるようになった。それ以前は、鉄砲などで七千羽以上を捕獲したものの、腐ってしまうヒバリも多かった。だが、当年より、捕獲したヒバリは現地で塩漬けにされて送られたため、捕獲した三千六百羽余りのうち、腐ったのは十八羽のみだった。

塩漬けにしたため、輸送経費が安くあがった。腐らないので、拝領した諸大名も喜んだ。捕獲されるヒバリの数も半減したので、下総・上総に出張してきた鳥見・鷹匠・鉄砲方同心の滞在期間も、わずか十日に短縮された。従来は一〜二ケ月掛かっていたため、大幅な経費節減につながった。これも、江戸の行財政改革に他ならない。現地の農民も喜んだ。

節倹を唱える改革論者・定信の面目躍如と言ったところだが、不満を持つ者もいた。現地に出張する鳥見など幕府役人には、出張手当などが支給されており、滞在期間が長ければ長いほど、手当も多かった。ところが、塩漬けになったことで、捕獲数が半減し、滞在期間も大幅に減った。当然支給される手当も少なく、大難儀になってしまったのだ。鳥見などの不満はさておき、将軍の御威光を維持するための鳥の調達が、大きな財政負担を伴うものだったことがよく分かる話だ。

大得意で振舞の共食

諸大名が拝領した鳥のうち、鶴の場合は、拝領した各大名家が宴席の場を設け、家中で共食《きょうしょく》することが事実上義務付けられていた。切り身で国元に送られた鶴は、お吸い物の形で共食されたのである。

そもそも共食とは、神への供え物を皆で飲食することである。神と人および人と人の結び付きを強めようという儀礼的な食事だ。神事の終了後、お神酒《みき》や神饌《しんせん》を下ろして飲食する酒宴は直会《なおらい》と呼ばれるが、まさに直会のようなものだった。将軍からの拝領品とは、いわば神様から下賜されたものとして取り扱うよう求められていたのだ。

幕府が鶴を下賜したのは、伊達家・島津家を除き、当の大名が国元に在国している時である。国元で、宴席の場を設けさせようと目論んだのだ。将軍の存在を、家中一同にも認識させようとした幕府の思惑は明らかだろう。拝領鶴の振舞とは、将軍の御威光をその家中に浸透させる巧妙な手段なのである。

諸大名だけでなく、将軍から何かの品を拝領した者は、そのお祝いをすることになっていた。それが食用ならば、親類縁者や近隣の者を集めて共食の場を設け、その喜びを分かち合うのが仕来たりだった。幕末の頃、将軍家御典医を勤めていた蘭医桂川甫周《ほしゅう》の娘みねは、父の甫周が雁を拝領した時の様子を、次のように語っている。

お狩りの御伴申しあげました折、雁がとびたちましたら、上様はよほどお弓におすぐれとみえまして、父に御手をもち添えられて、みごと雁を射おとされました。さあ大変、矢には葵の御紋がついております。しかもこれは、御手添えの雁で甫周拝領というのですから、邸へはすぐさま、はやがとびました。いまどきでしたら、電報や電話というところでございますが。

邸では御無礼のないよう用意も万端ととのえて、お待ちうけせねばなりません。親類縁者はもとより、近所合壁《がっぺき》へも知らせて、この喜びを分たねばなりません。一方雁のほうは、お駕籠のさきに結びつけ、先供がお尻をはしょって走り出しますと、なにしろ矢の葵がものをいうのですから、大名でもなんでも、みんな左右によけておじぎする中を、大得意で邸へ帰りまして、それから雁のおふるまいがはじまりますが、雁一羽が大変な御馳走になったものです。今からみれば、なんと馬鹿げた恐れ入ったことでございましょう。

近ごろになって聞きますと、昔から氏《うじ》の上《かみ》が親しい近い人達にきものを分配する、衣配《きぬくば》りとか申す古式がありましたとか。それは、氏の上の魂をそのきものにこめて分配するという信仰がありましたのだそうですが、拝領の場合もそういった意味がこめられるのではないかしらと、私はひとりで思っております（今泉みね『名ごりの夢』平凡社東洋文庫、一九六三年）。

将軍の狩りのお供をした甫周は、将軍が弓で射止めた雁を拝領した。雁には、葵の紋の矢が刺さっていた。すぐさま、甫周の屋敷に知らせが飛んだ。桂川家では、失礼のないよう用意万端整えて、拝領の雁の到着をお迎えした。

何と言っても、雁には葵の紋の矢が刺さっていたため、大名であっても、将軍への敬礼のため道を譲り、御辞儀をしたという。親類縁者や近隣の者を集めた宴席の場では、料理された雁が振る舞われた。雁であっても、将軍が手ずから射止めた雁となると、これだけの大騒ぎになってしまうのだ。驚くばかりの慣習だが、みねは昭和の初年に入ってから、「なんと馬鹿げた恐れ入ったこと」と回顧している。まさに言いえて妙だ。古来よりの衣配りの行事に相通じるものがあったという認識も興味深い。

将軍家斉は鷹狩りの帰り、戸山屋敷に立ち寄ったわけだが、その際、獲物の鳥を尾張家に下賜するのが慣例だった。尾張家では、拝領した鳥を料理してお吸い物にし、家臣たちが頂戴した。鷹狩りの獲物は将軍の御威光を確認するため、宴席で食され続けたのである。

三　御鷹様にはかなわない

御鷹の御座所は一羽二畳

御拳場に指定された江戸近郊の農民にとり、農作業が規制されるなど、鷹狩りはマイナス面が非常に大きかったが、御用宿などの形で鷹匠の休憩所に指定されてしまうと、その気の使いようは並大抵ではない。将軍の鷹である以上、粗略な対応はできなかった。御用宿に指定された江戸四宿の旅籠屋が、御鷹を迎えた時の様子を見てみよう。

御鷹宿を勤むる千住、板橋、新宿、品川の四ケ所は、いづれもその宿内の者、順番を定め、御用宿の番に当る日は、前日座敷を清潔掃除して、床飾りなど、もつとも注意し、入口に打水して、主人は羽織袴を着け、この日は勿論商売を休み、静粛にして御着を待つ。やがて御鷹宿内に入れば、予め宿の入口に待ち設けたる宿役人、御案内と称し、御宿入口迄先導し、平伏す。宿の主人は、御着の報に接すれば、宿役人と同様、素跣《すはだし》にて飛出して奉迎す。御鷹の座敷は、二羽なれば新らしき薄縁二枚並べたる場所二ケ所を設け（場所の数は鷹の数に準ず。ただし、一羽に付き二畳敷づゝなり）これにの如き黒塗の止り木を置き、撞木《しゅもく》の上に糸立（木綿にて厚く織りたる布）を掛けたり。この処は、実に御鷹の御座所にて、主人の鷹殿は、この撞木の上に休息し、横柄に鷹匠の饗応に預かる様を見物すめり（『増補新訂版江戸町方の制度』）。

順番で御用宿となった旅籠屋は、座敷の掃除はもちろん、入口に水を打ち、その主人は羽織袴姿で御鷹の到着を待った。その日は、臨時休業となる。鷹匠に連れられた御鷹が宿場の入口に入ると、宿場役人の先導で宿に入る。主人は平伏してお迎えする。

御鷹の座敷は、一羽に付き二畳の割合だった。そこに、止まり木を置いて、御鷹の御座所とした。止まり木の上から、鷹匠が饗応を受けているのを見物したわけだ。その食膳が豪勢なものであったことは、言うまでもない。

御用宿の向う三軒両隣の店では、当日鳴り物は禁止された。大声や笑い声をあげるのも同様だ。鷹が驚くような行為は、一切禁じられたのである（『増補新訂版江戸町方の制度』）。

鷹の威を借り意趣返し

宿側は腫れ物に触るような感じで、鷹というより鷹匠を接待した。鷹匠もその弱みに付け込み、鷹つまり将軍の威を借りた横暴な所行に走ることも多かった。時代劇によくあるテーマだが、鷹に関する先の回顧談では、次のような例も紹介された。

同じ仲間に正之丞《まさのじょう》というがあって、この仁《ひと》が、詰らんお話をしますが、品川へ遊びに往き、百足尾張屋《むかでおわりや》という楼《うち》へ登《あが》り、娼妓のお角《かく》というのを相方としたんですが、振られたものか、辛《ひど》い目に逢って残念で溜らないというので、いつか意趣返しをせにゃならぬと言っていましたが、果して意趣を返しました（中略）品川の方へ御鷹を据えてまいる時、百足尾張屋を御鷹の宿に定めたもので、コレが大変な難有《ありがた》迷惑で、その夜はお客が取れない、内々内所《ないないないしょ》へ登《あ》げるくらい——で、夜中になると内所で騒ぐ。こっちはソレを待構えていたので、「貴様の家《うち》では御鷹の宿をしながら、客を取ったな。御鷹が目を覚したらどうする。このままには捨置かれぬ」。楼主も女房も、皆平身低頭詫入って、恐しい御馳走をしましたが、今なら職権の濫用で免職でございましょうテ……（『増補幕末百話』）。

鷹匠仲間の正之丞という者が、品川宿の百足尾張屋という旅籠屋に入った。品川宿は、北の吉原、南の品川と称されるほどの歓楽街であり、旅籠屋でも飯盛女という名目で遊女を抱えていた。百足尾張屋も、そうした旅籠屋だった。

ところが、正之丞は遊女のお角に袖にされてしまった。いつか、この恨みを返そうと思っていたが、鷹を連れて品川宿に公用で出向いた時、遺恨の尾張屋を宿とした。それも、夜にやって来た。

御用宿に指定されると、騒がしい音を立てることができず、もちろん、お客を上げることもできない。困惑した尾張屋だが、内々でお客を上げてしまい、騒がしい音が正之丞の耳にも届いた。

正之丞は待ってましたとばかり、御鷹が目を覚ましたらどうする、と尾張屋を厳しく責め立て、恐ろしい程の馳走をさせたという。どんなご馳走だったのだろうか。
鷹匠には、次のような役得もあった。

よく参りましたのは、砂村《すなむら》の疝気《せんき》稲荷《いなり》のワキの出雲《いずも》様のお下屋敷。——イヤ広いのなんといって、大だまりを覗《のぞ》くと、雁・鴨が群をなしている。実に面白いくらいで。鷹の合間には伏網《ふせあみ》で沢山取りますが、コレは役徳だとかいうお話でした（『増補幕末百話』）。

葛飾郡砂村（現江東区）に鎮座している疝気稲荷は、疝気（下腹部の痛み）に効く稲荷として、江戸でたいへん人気のある稲荷社だった。流行神の一つだ。その脇にあった松江藩松平家の屋敷は広大な面積だったたが、そこには雁や鴨が群棲していたという。
この辺りは、江戸郊外の閑静な農村地帯であり、近隣の葛西、小松川村には鶴が舞い降りてくるほどだった。雁や鴨が群棲していても別に不思議はなかったが、鷹匠たちは鷹の調教で砂村に出かけた折、公用と称して松平家の下屋敷に立ち入り、雁や鴨を懐に入れていた。雁、鴨は、食用の鳥として需要も大きかった。

逃げた鷹は触るな

岡本綺堂《きどう》作の『半七捕物帳』は、神田三河町の岡っ引き半七が江戸の難事件を解決する時代小説だが、そのなかに「鷹のゆくえ」という話がある。品川宿の遊女（旅籠）屋に泊まった鷹匠が鷹を逃がしてしまった事件を、半七が解決するという筋書きだ。逃げた鷹は、それ鷹と呼ばれた。

将軍の鷹であるため、逃げ出してしまうと大騒ぎになる。実際、享保十四（一七二九）年正月には、雑司ケ谷の御鷹小屋から鷹が逃げ出す事件が起きた。幕府はこの事件を受けて、次のとおり申し渡している。

此度高田村の内え雑司ケ谷御鷹部屋より、それ鷹これあり、雁捉え居り候所を、百姓の内見出し、年寄共え知らせ候所、御鷹、籠かけ置き候。惣《すべ》て御鷹には、手を付け申すまじき筈の所、致し方不調法の儀にて、御鷹に疵《きず》も付き申さざる事ゆえ、此度は差し免ぜられ候。重ねて右の通りの儀に候はば、名主・年寄等迄、越度《おちど》たるべく候。向後、それ鷹見出し候節は、御鷹えは一切手を付け申さず、早速、向寄の御鷹方御鳥見え相届け申すべく候。其内は、御鷹え犬・狐にても、付き申さず候様に相守り罷り在るべき旨、申し渡し候（『豊島区史資料編』二、一九七七年）。

それ鷹が獲物の雁を捕まえている姿を、高田村（現豊島区）の農民が発見した。村側では、鷹に籠を掛けて捕らえてしまったが、それが大問題となった。将軍の鷹であるから、一切手を付けてはいけない決まりだったのだ。

鷹に傷が付いていなかったこともあり、今回は不問に付されたが、以後、それ鷹を発見した時は一切手を付けず、鷹匠や鳥見に届け出よ。鷹に犬や狐が食い付かないように配慮せよ、と申し渡した。いかに鷹が大事にされていたかが、よく分かる話だ。農民にとっては迷惑この上なかったが、こうして、将軍の御威光は深く浸透していったのである。

将軍のショッピング

将軍の御威光を笠にきた鷹匠らの所行により、御拳場の農村はたいへんな迷惑を被ったが、鷹狩りから利益を見出そうとする商魂たくましい者たちもいた。鷹狩りの折、将軍は大名屋敷や寺社に立ち寄ることを、御通り抜けと称したが、寺社の場合、境内での買い物も大きな楽しみだった。寺社だけでなく、植木屋にも立ち寄っている。そのため、植木屋では将軍の目に留まるよう珍しい品々の数々を並べ、将軍の御成をお迎えした。

天保十五（一八四四）年三月二十七日に、十三代将軍となる世子家定が雑司ケ谷に出かけた時の記録をみてみよう。その折、家定は高田村の植木屋仁右衛門の庭園に入り、鉢物の植木や変わり種の鯉を十四匹も購入している。一番高価な鯉は二両近くもしている。庭園内の池の鯉が買い上げられたのだ。近くには植木の里として名高い染井もあった。江戸の園芸ブームもあり、この辺りの植木屋の庭園には、多くの観光客が見物にやって来ていたほどだった。

雑司ケ谷鬼子母神《きしもじん》境内の川口屋では飴を五十袋、風車作りの亀吉からは風車を三十七本購入した。川口屋の飴や鬼子母神の風車は、鬼子母神の名物だった。この時のショッピング代は、十七両三分余だった。現代で言うと、百万円以上のお買い物だ。

植木屋たちは、ずいぶん前から将軍の眼に留まるような高価な品を並べていたのだろう。既に天保十二（一八四二）年七月、植木屋たちは鳥見役人からの指示で、将軍の前に出す商品の価格を極力引き下げることを申し合わせている。

実はこの年の五月、老中首座水野忠邦は天保改革を開始し、以後、財政再建に強力に取り組むが、歳出カットの波は将軍のショッピングにも及んだ。植木屋が高価な品を陳列していたことが、槍玉にあがったのだ。

その結果、将軍の前に出す植木の値段は三両が上限となったようだ。当時、朝顔や菊など観賞用植物の需要はたいへんなもので、流行によって値段も乱高下していた。三両を超過する植木が将軍の眼に留まっていたのだろう。

虫類（松虫・鈴虫・きりぎりす）や金魚、鯉、小鳥、麦藁細工についても、この時、上限の価格（二～三両）を定めているが、それでも御成のたびに、幕府は将軍のショッピング代だけで百万円以上の出費を余儀なくされていたのである。また植木屋の庭園と言っても、植木以外の様々な品が並べられていたことが分かる。その実態は、観光地の土産物屋のようなものだった。

植木屋の商魂

御成先は、事前に幕府役人が見分することになっていた。当然、将軍のショッピング先も対象であり、不適切な品が並べられていないかチェックされた。その範疇には高価な品も含まれ、あまりに高価ならば、将軍の御前に並べないよう指示されただろう。将軍の眼に留まれば、結局幕府が代金を支払わなければならないからだ。

ところが、植木屋たちは、その指示を事実上守っていなかった。だからこそ、価格引き下げを強制されたわけだが、この時、鳥見役人は次のような指示も下している。

御通り抜け相成り候植木屋共、商売違の品は差し出し申さずよう、兼々申し渡し候へども、御当朝追々持ち寄り、見廻跡え持ち出し置候儀もこれあり候、以来は厳しく差し留め、植木屋共儀は、植木に付き候品瀬戸物類ばかり差し出し、金魚・替鯉等、別段御談これなき節は、植木屋共え差し出し申さず、勿論、庭内泉水これあり、全く所持の品入れ置き候儀は其儘にて、其品御用相成り候節は、前書値段にて差し出し、別段船桶等へ入れ、差し出し候儀、相成らざる積りに申し談ずべく候事

（『豊島区史資料編』二）。

当日の朝、役人が来て、並べられる予定の品を見分するのだが、終わった後に、品々を持って来て並べてしまうのだ。チェックを逃れて、将軍の眼に留まるような高価な品

を並べることで、利益を上げようとしたのである。よって、こうした行為を厳禁したが、幕府役人と植木屋の間で丁々発止の化かし合いが展開されていた様子が読み取れる。

植木屋が植木以外の品を並べることも、この時禁止された。将軍が植木屋の庭園でショッピングするのに目を付け、金魚屋などが金魚や変わり種の鯉を桶に入れ、運び込んでいたらしい。この行為も禁じているが、将軍の鷹狩りにより生まれたビジネスチャンスを生かし、利益を上げようとした商魂のたくましさには驚くばかりだ。

将軍がお買い上げになったとなれば、付加価値が付いて、その商品の人気もあがり、利益も増す仕組みになっていたわけだ。将軍家お気に入り、ご推薦などと吹聴して、販売活動を展開したのだろう。そのブランド力に期待したのである。

江戸の社会では、将軍の御威光に便乗しようという動きは随所にみられた。迷惑する者が非常に多かった鷹狩りにも、メリットはあったのだ。

第五章　将軍の求心力

一　献上品の活用

無理をしてでも献上合戦

諸大名は年始や季節の節目に、領内の物産など様々な品を将軍に献上することが定められていた。こうした献上（服属）儀礼は、将軍と諸大名の主従関係を再確認するものとして、武家社会では非常に重要視された。参列が義務付けられた江戸城の年中儀礼とセットの形を取ることが多かった。

泰平の世となり、大名は武力によって自分をアピールする場を失ったが、将軍への献上とは自家を将軍にアピールできると同時に、他大名との差別化もはかれる貴重な機会だった。その点、第三章で取り上げた将軍御成時の接待合戦とまったく同じ動機である。よって、無理をしてでも、将軍への献上行為は続けられた。江戸という舞台で、お国自慢の品を献上することで、自らのプライドを満足させたのである。たとえ、大きな財政負担を伴うものであっても、江戸市中の評判を勝ち取りたかった。

幕府の立場からすると、諸大名からの献上品とは服従度をはかるバロメーターに他ならず、当初は積極的に受納したようだ。諸大名も競って献上したことで、将軍の求心力の維持強化にもプラスに作用した。将軍、大名双方にメリットがあった。

太刀の代わりにリサイクル木刀

まず、諸大名は年始の挨拶として、武士の象徴でもある太刀と馬を将軍に献上する。おもしろいことに、実際に献上されたのは木刀であり、金子《きんす》（馬代）だった。

諸大名だけでなく、三千石以上あるいは従五位下の旗本、越後高田藩榊原家、豊前中津藩奥平家、越後与板藩井伊家の家臣も、慣例として太刀（木刀）と馬代を献上することが許されていた。

木刀（上り太刀、飾り太刀と呼ばれる）は黒塗りのもので、長さは二尺（約六十センチメートル）、柄の糸は紫色、鍔《つば》の覆輪《ふくりん》、縁、鐺《こじり》は真鍮だった。

諸大名や旗本は、江戸市中の献残屋《けんざんや》から上り太刀を購入した。献残屋とは、江戸のリサイクルショップの一つである。諸家から不要な贈答品を安く買い取る一方、贈答品を販売する商人だ。幕府は献上された品を献残屋に売り払い、諸大名は献残屋から贈答品を購入するといった仕組みである。献上する側、される側の都合に応じた商売がうまく成り立っていたのだ。

幕府としては年始のたびに、刀だけで数千振も献上されるわけだが、金子はともかく、そんなに刀があっても困る。だから、真刀（剣）ではなく、木刀だったのだろうが、木刀にしても、さほど使い道はない。よって、買い取ってくれる献残屋の存在は有り難かった。献上しなければならない大名側も、事情は同じだろう。木刀ならば、出費も少なくて済む。

諸大名が献上する木刀は、旗本のそれよりも立派で、価格も高かった。旗本の上り太刀は、銀四匁五分ぐらい（小野清『史料徳川幕府の制度』人物往来社、一九六八年）。二本松藩丹羽家の事例（江戸後期）をみると、上り太刀にも上中下の三ランクあり、上の価格は五十二匁五分、中は六匁、下は二匁八分だった（『二本松市史』第四巻〔資料編二〕、一九八〇年）。上ランクでも一両ぐらいだ。将軍に献上する真剣となれば、一両ものというわけにはとてもいかないだろう。

献残屋が扱った品としては、熨斗鮑《のしあわび》、干貝、昆布、煎海鼠《いりこ》、干鮑、海鼠腸《このわた》、雲丹《うに》などの水産物や塩鳥、葛子《くずこ》、片栗粉、水餅、あるいは檜台、折櫃《おりびつ》、樽など贈答品に付属する道具類が挙げられる。こうした品々が、江戸の武家社会を行き来していたのだ。

もちろん、献上・贈答品の購入先が献残屋に限定されていたわけではない。江戸屋敷出入りの商人からも購入している。しかし、江戸城周辺には多くの献残屋が店を構えており、献上・贈答（再生）品のマーケットの大きさが窺える（「守貞謾稿」）。

こうしたマーケットは、室町時代の京都でもみられたようだ。京都には、天皇も将軍もいた。贈答品を恒常的に買い取る商人が存在し、贈答品の流用も広く見られた。自分が贈った贈り物が、回り回って自分への贈り物として戻ってきたマンガのような事例もあったという（桜井英治「日本中世の贈与について」『思想』八八七、一九九八年）。

お国自慢はやめられない

年始の献上を皮切りに、諸大名による将軍への献上儀礼がはじまる。表1は、広島藩浅野家の事例である。領内の産物としては、西条渋柿や三原酒などを献上している。こうした季節感ある四季折々の献上品は、時献上と呼ばれた。

将軍に献上する時、老中・若年寄・御側衆などの幕閣実力者、あるいは大奥、付き合いのある諸大名や旗本などに、同じ品を贈ることは広く見られた。献上品の残り、つまり献残品《けんざんひん》という名目で贈った。御配《おくばり》とも呼ばれた。

献残品（御配）は将軍への献上品よりも、多少質を落としたものになっていた。将軍への敬意が示されているわけだが、贈答対象は広範囲にわたるため、こうした交際費は諸大名の財政に大きな負担となった。

よって、その軽減化を試みるものの、武家社会は先例や格式が重視される社会であるがゆえに、なかなか目的は達せられなかった。将軍への献上はもちろん、他家への贈答行為も諸大名に多大な負担を強いた。しかし、献上にせよ贈答行為にせよ、江戸の武家社会で自分の家をアピールできる貴重なツールであり、それを放棄することはできなかった。

領内の物産品、つまりお国自慢の品を献上するのが建前だったが、国産品でないものも実は多かった。献上する側から言うと、自分の存在をアピールできさえすれば良かっ

表1　広島藩浅野家の献上品一覧

儀礼日	献上品
年始（元旦）	太刀・馬代、**時服**
謡初（1月3日）	盃台と干鯛1箱
人日の節句（1月7日）	登城
2月	西条渋柿1箱（在国年）
上巳の節句（3月3日）	登城
3月	三原酒3樽
4月	生肴（在国年）
5月2日	時服（帷子）
端午の節句（5月5日）	**時服（帷子）**
暑中見舞（6月）	煎海鼠1箱（在府年）
嘉祥（6月16日）	**御菓子**
7月6日	鯖代
七夕の節句（7月7日）	登城
八朔（8月1日）	太刀・馬代
9月2日	時服（綿入れ）
重陽の節句（9月9日）	**時服（綿入れ）**
玄猪	**御餅**
10月	細炭・茶・干鯛（在府年）
11月	塩鮎・鰆（在府年）
12月	西条枝柿・串柿
12月21日	時服（綿入れ）
歳暮（12月29日）	**時服（綿入れ）**

左欄の太字は、五節句。右欄の太字は、拝領品。浅野長勲「大名の日常生活」（『幕末の武家』青蛙房、1965年）などより作成

たからだ。江戸は、諸大名のアピール合戦の場でもあった。

こうして、諸大名の負担は増していったが、それに歯止めを掛けようとしたのが、吉宗だ。享保七（一七二二）年三月、幕府は諸大名に対して、献上品の節減と、領内の産物でない品の献上停止を命じている（『御触書寛保集成』）。

しかし、大名側からすると、自分の家をアピールできるツールであるため、簡単には節減、停止できなかった。幕府の趣旨は、なかなか行き渡らなかったが、宝暦七（一七五七）年、九代将軍家重の時には、次のような事件まで起きる。献上品の内容ではなく、将軍の代理として、いったい誰が献上の使者に応対するのかが大問題になったのだ。

保たれた家格

この年の六月、盛岡藩主南部利雄《としかつ》は江戸在府を終え、国元の盛岡に帰国した。南部家に限らず、こうした場合、「在着御礼」という形で江戸城に使者を送り、無事帰国できたことへの御礼として献上品を持参するのが習いだった。

笠谷和比古氏によれば、南部家の使者に対し、従来幕府は老中が応接に出ていた。ところが、二年前の前回は、御用繁多ということで奏者番《そうじゃばん》が応接した。奏者番は、献上品を将軍に披露するのが職務の一つだが、老中よりもはるかに下の役職だった。

　南部家にとってみれば、これは格下げに他ならず、黙視できるものではなかった。果たして、今回も奏者番が現れ、南部家の使者に応対しようとした。この事態を予想し、南部家江戸留守居役の尾崎富右衛門という者が使者に同道していた。

　尾崎は幕府の目付に対して、前回は御用繁多ということで、止むなく奏者番の応対を受けた。しかし、今回も奏者番では、南部家の家格が下がることにつながるとして、老中が使者に応対するよう強く求めた。

　尾崎と目付は、次第に押し問答となった。怒声が殿中に響き渡り、江戸城内は大騒ぎとなった。結局、老中が御用繁多ならば、改めて献上品を持参したいと尾崎は申し立て、江戸屋敷に戻った。

　この事件は、幕閣の評議となった。無礼この上ないとして、南部家の厳罰を求める空気が圧倒的だったが、老中西尾忠尚（老中松平武元という説もある）は反対した。尾崎は一命をも顧みず、主君の家格を守ろうとした。もし、天下に賊徒が出現し、南部家に追討を命じる折、真に役に立つのはこのような気骨ある者だ。よって、尾崎や南部家の処分は軽く済ませるのが妥当だろう。これぞ、サムライの鑑というわけだが、まるで時代劇の舞台で見るような話だ。

幕閣の評議は、この線で一決した。尾崎は国元で謹慎、南部利雄はお目通り差し控えの処分が下された。そして、改めて南部家の使者を登城させた。今度は老中が応対して、南部家からの献上品を受け取ったという。尾崎の命がけの行動により、南部家の家格と名誉は保たれた。

尾崎は謹慎が解除された後、百石加増され、用人に昇進している（笠谷和比古「武士の身分と格式」『日本の近世』七、中央公論社、一九九二年）。将軍をトップとする武家社会での序列は、こうした命がけの行為によって守られていたのである。

一番乗りの名誉

吉宗に続けて献上品改革に乗り出したのは、十一代家斉の補佐役松平定信である。天明八（一七八八）年七月、幕府は諸大名に対し、実用にもならないような品を調達するのに、無駄な費用が掛けられているとして、そうした献上品は品替えするよう命じた（『御触書天保集成』。藤田覚『大江戸世相夜話』中公新書、二〇〇三年）。

この件については、定信に提出された「よしの冊子」にも次の記事がある。

諸家より献上物の内に、殊の外物入り、人夫もかゝり、殊により、人死出来候程の物御ざ候へども、献上に相成候後は、右の品も、何の御用にも立たず、拝領仕り候者共も、あまり賞翫《しょうがん》も仕らざり候物多く御ざ候よし。是等は、越中様の思召にて、諸侯・下民の難義仕らざる上にも、御不用なき様にも成りそふな事と、評判仕り候もの御座候よし。越前の生鱈《なまたら》抔取り候には、殊により、人死も御座候よし。其上、道中急ぎ人夫願い仕り候よし。諸家にも、右の類多くこれあるべきよし。しらべ候はゞ、皆相分り申すべきよしの沙汰、楊貴妃に媚びて生霊芝（茘枝）を献上し、人歩を多く損ね候咄も御座候（「よしの冊子」）。

献上品のなかには、調達に異常に経費が掛かり、場合によっては死人まで出している事例があった。しかし、何の使い道もない品であることも多く、喜ばれなかったという。そして、献上品と言っても、将軍が一つ一つ賞味したわけではない。その大半は将軍周辺の者たちがおこぼれに与かってしまうのが実態だった。将軍でなく、彼らが喜ばなかったのだ。献上側からすれば、何とも空しい話だ。

表2　献上品評判一覧

【結構の品】 釣瓶酢・蜜柑（紀州藩徳川家）、初鮭と塩引鮭（水戸藩徳川家）、五色奉書紙（福井藩松平家）、畳表（備後福山藩阿部家）、博多織地・帯地（福岡藩黒田家）、絹並手綱（加賀藩前田家）、琉球芭蕉布・琉球布・砂糖漬天門冬・泡盛酒・琉球紬（薩摩藩島津家）、色鳥子紙（宇和島藩伊達家）、砂糖漬梅と銀杏（豊後杵築藩松平家）、西条の枝柿・三原酒・細炭（広島藩浅野家）、晒布・丁子風炉・文鎮・徳利・水指（岡山藩池田家）、綴子肩衣・蚊帳（津藩藤堂家）、鰹節・色料紙・小杉原（高知藩山内家）、蠟燭（越前丸岡藩有馬家）、絹縮（中津藩奥平家）、吉野葛（大和郡山藩柳沢家）
【迷惑な品】 宮重大根・小鮎酢（尾張藩徳川家）、わかさぎ（陸奥守山藩松平家）、銀杏・足袋（美作津山藩松平家）、輪島索麪（富山藩前田家）、糒（仙台藩伊達家）、半田土鍋・九年母（久留米藩有馬家）、白魚の目刺・時雨蛤（桑名藩松平家）、鮒酢（膳所藩本多家）、若狭筆（小浜藩酒井家）、岩茸・芋・黒豆・牛房（忍藩阿部家）、熟し瓜（川越藩松平家）、蒟蒻（佐倉藩堀田家）、串蚫（唐津藩水野家）、乾饂飩（下総結城藩水野家）、唐津焼茶碗（古河藩土井家）、胡桃（出羽新庄藩戸沢家）、山椒（但馬出石藩仙石家）、甘藷（関宿藩久世家）、寒晒餅（日向飫肥藩伊東家）、蕨の粉（伊予新谷藩加藤家）、銀杏（備中松山藩板倉家）、牛房・長芋（下野壬生藩鳥居家）

石井良助編『増補新訂版江戸町方の制度』新人物往来社（1995年）、小川恭一『江戸幕藩大名家事典』原書房（1992年）により作成

第四章で取り上げた朝野新聞に掲載された「徳川制度」シリーズの中に、「時献上」という記事がある。そこに、貰って嬉しい献上品と迷惑な献上品が列挙されている（表2）。当然、幕府関係者の証言だろう。もちろん、おこぼれに与かった者による感想だが、これだけ見ても、そうした事情はよく分かる。よって、定信（越中様）のご配慮で、諸大名や下々の者たちが難儀しないよう、こうした品の献上中止という御沙汰が下るのでは、という評判が当時立っていたらしい。

死人を出していたのは、越前松平家の初鱈献上だ。当時、初物の人気は非常に高く、初鰹などはその象徴だった。日本

海側の名産である鱒の場合、越前の鱒はその代表格であり、松平家では初鱒を手に入れるため、危険を冒し、鱒を取らせたようだ。そのため、死人まで出していた。

　そうした犠牲を払って調達した鱒を、一日でも早く江戸に届けるため、松平家は急行便にすることを幕府に願い出たらしい。そこでも、犠牲者を出したのだろう。「よしの冊子」の記事では、中国料理のデザートとして知られる茘枝を楊貴妃に献上するため、多くの人夫の犠牲者を出した古代中国の言い伝えが紹介されている。

　初鱒を献上していたのは、越前松平家だけではない。加賀藩前田家、若狭小浜藩酒井家、出羽庄内藩酒井家など日本海側の諸大名も初鱒を献上していた。よって、初鱒に限らず、一番乗りの名誉を獲得するため、急行便を願い出る大名は多かった。将軍への忠誠心というより、他の大名に負けたくないという競争心理が働いていたのだ。

　献上品には、大名家の名誉が懸けられていた。初物献上はその最たる事例であり、多大な費用を掛けることも厭わなかった。江戸での評判を勝ち取ることで、プライドを満足させたかった。

　確かに虚礼ではあった。献上したところで、将軍が賞味するわけでもなく、周辺の者の懐に入るだけだった。将軍が体よく利用されてしまっていたのだ。しかし、諸大名による一連の献上行為は、将軍の御威光の維持には大いに役立っていたのである。

献上湯

将軍への献上品をとおして、自分をアピールしようとしたのは、諸大名だけではなかった。例えば、献上湯というものがある。箱根温泉の湯を樽に詰めて、将軍に献上した。既に家光の頃より、献上湯の記録が残されている。毎日二樽ずつ、十四日間にわたって御湯が汲み出され、江戸城に運ばれた。

紋服、袴姿の湯宿主が長柄の檜柄杓で御湯を汲み、樽に移す。二つの樽が一杯になると、封印されて箱根山を下る。一樽につき四人の人足と、交代要員として二人の人足が付いた。眼病のない屈強な者が、人足に選ばれたという。

お正月の箱根駅伝の復路のような感じで運ばれた箱根温泉からの献上湯は、東海道そして江戸の人々の大きな話題となった。温泉地箱根の大観光PRになったことは言うまでもない（『箱根温泉史』箱根温泉旅館協同組合、一九八六年）。

隅田川河口の佃島《つくだじま》の漁民は、隅田川産の白魚《しらうお》を献上した。隅田川で篝火《かがりび》を焚いて白魚を取るのは、江戸の春を告げる風物詩でもあった。「月も朧《おぼろ》に白魚の篝もかすむ春の空」

という「三人吉三廓初買《さんにんきちさくるわのはつがい》」のセリフは、これを詠ったものだ。現在も、佃島漁業協同組合は徳川宗家に白魚を献上していると言う。この献上行為により、佃島の漁民は隅田川上流での漁業権を認められた。将軍との由緒を活用することで権益を維持し、利益を得ていたのだ。

将軍の御威光、つまりはブランド力を活用しようという動きは、江戸の社会の様々な場面で見られたのである。

二　江戸城内のイベント

江戸っ子の特権、町入能

将軍が強力なブランド力を発揮できた背景には、幕府による徹底したブランド管理があった。将軍に関する情報は厳しく統制され、なかでも、出版メディアは自主規制を強いられたが、タブー視されたからこそ、将軍への関心はいっそう高まった。将軍の生活をモデルにした「修紫田舎源氏」などの作品が人気を博したことは、第二章でも述べたとおりである。

将軍の推薦本が、幕臣によって広く読まれることも間々みられた。新井白石と同門だった儒学者の室鳩巣《むろきゅうそう》は、幕府の儒官《じゅかん》を勤めていたが、吉宗が将軍に就任する直前の正徳五（一七一五）年に、『明君家訓』という道徳書を刊行した。武士たる者、たとえ主人に対しても、己の信念を貫いて直（諫）言も辞さない節義の士こそが、真に役立つ者なのだという趣旨の書物である。まさに、武士道本だ。

その内容に感銘した吉宗は、側近にも読んでみるよう推奨したが、その噂が広まり、幕臣が争って読むようになったという。これがきっかけとなって、室鳩巣は吉宗の侍講に迎えられ、政治顧問として享保改革に参画することになる（笠谷和比古『徳川吉宗』ちくま新書、一九九五年）。将軍の推薦という付加価値により、読者が増えた典型的な事例だ。鳩巣の運命も変えた。

こうした風潮は将軍への関心の高さを示すものに他ならない。そして、江戸城内で臨時に開かれた町入能《まちいりのう》の時、将軍への関心は頂点に達する。

将軍宣下や婚儀など将軍家に慶事があると、江戸城中では御祝儀として能が興行されたが、大名ばかりでなく、江戸町人にも拝見が許される慣例があった。これを町入能と呼んだが、町人にとっては、江戸城大広間前の御白洲に入れる滅多にないチャンスだった。江戸っ子も将軍と一緒に能を見るというシチュエーションで、その慶事をお祝いしたのだ。

江戸町人と言っても、城内に入れるのは五千人ほどである。ここで言う町人とは、土地を持っている地主、長屋の管理人である家主のことで、店借《たながり》の者たちは含まれていなかった。午前と午後に分けて、能を拝見した。町ごとに人数が割り当てられ、入場券の札が渡されたが、実は札を所持していれば、江戸町人でなくても能を拝見できた。長屋住まいの店借はもちろん、農民でも拝見できた。幕府も、これを黙認していた。硬いことを言うよりも、将軍の懐の深さが知れ渡れば良いのだろう。

岩橋清美氏によれば、公用で江戸出府中の武州多摩郡柴崎村（現東京都立川市）名主の鈴木平九郎は、天保八（一八三七）年九月四日、町入能を拝見している。将軍家慶の将軍宣下に伴う御祝儀だった。本船町（現東京都中央区）の善吉という者を通して札（午後の部）を入手した平九郎は、本船町の町人として江戸城に入った。札を入手するのは、なかなか難しかったが、それだけ江戸城内、つまり将軍への関心は高かったのである（岩橋清美「将軍代替り儀礼の社会的意義」『東京都江戸東京博物館研究報告』八、二〇〇二年）。

町人たちのコスプレ

午前の部の者たちが下城してきたのは、午後四時頃だ。午後の部の者たちは五つに別れ、各城門で待機していた。桔梗門《ききょうもん》（内桜田門）に日の丸の扇が上がったのを合図に、城内に駆け込み、良い席を取ろうと大広間前に殺到する。

　桔梗御門へ日の丸の扇上るを合図に、面々高股立《たかももだち》にて、肩衣へたすきを掛け、我先を争ひ、桔梗と大手と落ち合ふ所にて、傘壱本づつ手に取り、ふりかたけて駈け込み、四ツ目の御門より御玄関を左りへ、中赤御門御玄関を左りに、竹やらひをかけ込み、大広間前御石の間へ詰め合ふ有さま、左ながら戦場も斯《かく》やと押し計られ、御歴々の衆といえども、道を開ひて通し給ふ事なり（鈴木平九郎『公私日記』第一冊、立川市教育委員会、一九七二年）。

　この平九郎の見聞記によれば、袴の左右の股立を腰に高く挟んで、肩衣に襷を掛けるという走りやすい格好の町人たちが、手に取った傘を振り回しながら、城内の会場に駆け込んだ。さながら戦場のようで、警護の武士も道を明けたくらいだった。傘を一本持って拝見するのが、慣例になっていたという。見物席は露天であり、雨に備えてのものなのだろう。

第二章で登場した村山鎮は、町入能の様子を次のように回顧している。

町奉行のえらいのは、町入御能のときです。江戸中の家主五人組を、御舞台の脇の正面に青竹で囲いを拵え、莫蓙《ござ》を敷いて竹筒へ酒を入れ、折詰を一つずつ下されて、見物に出るのです。すると御老中が出ると、そのとき何事でも、何々のことはしっかり頼むぞだの、若年寄が御能触れに出ると、やァ色男だの、その人の領地の名を呼びて、じいさんとか若いのとかいって、騒がしきこと甚しいものでした。そうするうちに町奉行が御縁側へ出て、しィというと、どんなに騒いでいても、忽ち《たちま》静かになるのです。一つは町奉行の威光を見せるためだそうですが、それは驚くくらいのものでした。また御能拝見に出るものは、ほんとうの家主五人組ではなくて、その名代に店子《たなこ》の大工の熊も出れば、八も出る。妙な頭の結い方をしたりして出たもんです。併し、みな上下《かみしも》は着ていたが、縮《ちぢみ》のもあれば、紋のなき黒浅黄、勝手次第で、恰《あたか》も杉酒屋の鱶七《ふかしち》（歌舞伎の妹背山）というなりのもあった（村山鎮「大奥秘記」

『幕末の武家』)。

会場で酒や折詰の弁当が振る舞われたとあるが、これは能が終了してからのことだったようだ。さて、老中や若年寄が能を見るため座敷に入ってくると、御白洲で莫蓙を敷き、能がはじまるのを待っていた町人たちは、好き勝手なことを言い立てた。「色男」「じいさん」「若いの」などと、言いたい放題だった。ウソのようだが、本当の話だ。

老中・若年寄と言えば、幕府の最高実力者であり、今で言えば大臣クラス。それも神聖であるはずの城内だ。本来なら、とても許されない行為だが、この日は無礼講なので咎められなかったわけだ。ただし、町奉行が例の「しー」という警蹕の声を掛けると、静粛にしなければならない。江戸市政を預かる町奉行の御威光が、町人たちの前で演出されたのだという。

村山が語っているように、町人たちの姿はさまざまだった。礼装の上下姿が義務付けられていたようだが、紋が付いていない肩衣の者もいるなど、思い思いの珍妙な扮装だった。歌舞伎の「妹背山婦女庭訓《いもせやまおんなていきん》」に登場する猟師鱶七のような格好の者もいた。

鹿島萬兵衛の記憶によれば、将軍がお出ましになると、警蹕の声が掛り、御簾《みす》が捲き上げられる。すると、拝観する町人からは将軍に向って、「親玉！」「成田屋！」という声が掛かったという。この日が無礼講であることが、まさに象徴されている光景だ。

江戸では、親玉は将軍の隠語として使われていた言葉なのである。江戸っ子は、将軍様の子分を自認していたわけだが、将軍への親近感を感じさせる表現だ。こうした掛け合いを通じて、将軍との一体感が醸成され、御膝元意識が強まっていくのである。

将軍を成田屋、つまり江戸歌舞伎の代表格市川團十郎に喩えているのもおもしろい。能よりも歌舞伎の方が大衆的な娯楽であり、歌舞伎の舞台を見るような気持ちで、能を拝見していたのだ。興行が終了すると、鏡餅と錫《すず》製の御神酒徳利《おみきどくり》二本が振る舞われた。能を見て江戸城から帰って来る者たちを、町では高張提灯や万燈を灯して迎えたという（『江戸の夕栄』）。

抱え力士の代理戦争

将軍との一体感を醸成する役割を果たしたイベントは、他にもある。神田明神と山王権現の祭礼行列は、江戸城内に入って将軍の御上覧を受けた。将軍も一緒に、江戸っ子の祭りに参加したわけだが、御上覧という事実により、この二つの祭は天下祭と呼ばれ、江戸の祭礼では別格の扱いだった。

現在国技と呼ばれている大相撲も、上覧を受けることで、格を高めたイベントだ。有史以来の歴史を持つと言われる相撲は、この時代、非常に人気の高いイベントだった。江戸の場合、深川の富岡八幡宮や本所の回向院《えこういん》、芝の神明宮《しんめいぐう》などの寺社境内で興行されていたが、天保四（一八三三）年からは、回向院が常打ちの興行場所となっている。

江戸では春と冬の二場所、京都（夏）と大坂（秋）で一場所ずつ、年間で四場所の興行が打たれた。安永七（一七七八）年より、江戸での興行日数が、晴天の八日から十日に伸ばされた。相撲人気が高まっていたことが分かるが、相撲に箔を付け、人気に拍車を掛けたのが、寛政三（一七九一）年六月十一日の上覧相撲だった。時の将軍は十一代家斉である。

新田一郎氏によれば、この年の春場所は、四月二十二日が初日だった。ところが、雨天順延が続いているうちに、江戸町奉行池田長恵《ながよし》から勧進元に対して、将軍の御前での相撲、つまり上覧相撲をおこなう旨が通達された。

当時の人気力士は、諸大名のお抱えになっていたことが多かった。江戸での興行に出場している力士のなかから、諸藩の江戸留守居役が有望な力士を選び出し、抱えるのだ。

諸大名のお抱えと言っても、「お出入り」と「お抱え」の二つがあった。「お出入り」は、化粧回しを下賜され、番付で藩の名前が頭書される力士だが、「お抱え」になると、扶持米を給付されるようになる（新田一郎『相撲の歴史』山川出版社、一九九四年）。もちろん、「お抱え」の力士の方が技量が高い。

人気力士を抱えた諸大名としては、仙台藩伊達家、久留米藩有馬家、熊本藩細川家などが挙げられる。有名な雷電為右衛門は、松江藩松平家の抱え力士だった。抱え力士の活躍は、まさに自家の名誉だった。そのために、諸大名は人気、実力を兼ね備えた力士を抱えた。江戸の本場所の舞台で、諸大名のプライドが激しく火花を散らした。例の鹿島萬兵衛は次のように証言する。

東西の力士は多く諸侯のお抱へで、触太鼓の廻る翌日から、諸家のお家来は桟敷にて見張りをなし、場外には数頭の乗馬を繋ぎおき、お抱へ力士の勝敗は、一々早馬にて御本邸へ注進する（『江戸の夕栄』）。

抱え主の諸大名は、本場所が興行されていた回向院に馬を数頭繋ぎ、抱え力士の勝敗を一々早馬で屋敷に注進させるという力の入り具合だった。抱え力士も自家をアピールするツールとしての役割を期待されたことがよく分かるが、今回の江戸城吹上庭園での上覧相撲とは、その象徴的なイベントに他ならなかった。

上覧相撲で箔がつく

今回のイベントは、話題性は充分であったが、御上覧であるがゆえの弊害もあった。上覧相撲に先立ち、町奉行は勧進元を通して、力士がその権威を笠にきて、みだりな振舞に及ばないよう命じている。乱暴に及ぶような無理無体な行為を危惧したのだ。

こうした懸念は、江戸の町も共有していた。例の「よしの冊子」には、今回の上覧相撲に関する記事が、いくつも載せられている。

> 角力取り共、上覧を笠にきて、此節きほひ候ものもこれ有るやのさた仕り候よし、角力取り、いきほひ候ては困り候もの、これ有るべきよし、是は前かどに、寺社奉行より、いましめ置かれたらば宜しかろふとさた仕り候よし（「よしの冊子」『随筆百花苑』九、一九八一年）。

前もって寺社奉行が力士に対して、その旨を訓戒しておくのが良い、というのが江戸市中の意見というわけだ。相撲は寺社の境内で興行されており、寺社奉行所が相撲興行の監督官庁だった。

江戸市中の治安を預かる町奉行などは、力士が将軍の御威光を笠にきた行為に及ぶのを危惧していたが、当の力士や抱え主の大名には、別に次のような深刻な悩みがあった。

大名抱えの角力、上覧所で負け候時は、主人の名おれに相成り候事ゆえ、上覧相済み候迄は、角力取り共を暇を出し候よし、角力済み候はば、又々抱え申さるべきよし（中略）小野川もし負け候はば、主人有馬、小野川を切り捨てに致され候積り申し付けられ候よし、右ゆえ、小野川も今度はまけぬと申し居り候よし、有馬殿申され候は、角力取りは、まさかの用心に抱え候もの成るに、此度の晴勝負にひけを取り候ては、抱え置き候甲斐もこれなく候に付き、もし負け候はば、自分切り捨てにいたし候と申し付けられ候よし（「よしの冊子」）。

上覧相撲というこれ以上ない注目を浴びる晴れの舞台で、抱え力士が勝てば、自分の名誉となる。だが、もし負ければ、逆に名誉や体面に傷が付いてしまう。よって、上覧相撲が終わるまでは暇を出し、終了後、改めて抱える大名もいたようだ。将軍の楽しみも、当の大名にとっては御家の一大事だった。

結びの一番は、大関の谷風と小野川の対戦だった。大関が最高位の番付であったが、この二名は、寛政元（一七八九）年に横綱の免許を受けた。家斉の御前でも、横綱土俵入りを披露している。

小野川を抱える藩主有馬頼貴《よりたか》は、今度の晴れの舞台（「晴勝負」）で、もし仙台藩伊達家が抱える谷風に負けることがあれば、切り捨てにすると言い放ったという。江戸城を舞台にした伊達家と有馬家の代理戦争のような構図だった。結びの一番に限らず、他の取り組みでも、同じような代理戦争が繰り広げられていたことになる。将軍の御上覧となると、ハイリスク、ハイリターンな勝負に変わってしまう。大名もメンツがかかっていたが力士も命がけなのだ。

当日は、八十二番の取り組みがおこなわれた。当時の本場所では、上位力士の一割以上が引分、預だったと言う。しかし、勝ち負けを付けなければ面白みに欠ける。よって、上覧相撲を成功裡に終わらせるには、勝ち負けを付ける必要があったためか、いずれの取り組みも勝負が付いている。

問題の結びの一番だが、小野川が谷風の突っかけに待ったを掛けたことで、行司を勤めた吉田追風《おいかぜ》が、谷風の勝ちと軍配を挙げた。両者の気合いが満ちたところで、行司が声を掛けたのにも拘らず、小野川が油断して取り組まず、待ったを掛けたことを気合負けと判断したのである。だが、小野川を抱える有馬家のメンツに配慮した審判と言えなくもない。小野川は負けを喫したが、この微妙な結果に対して、有馬家は別段の対応は取らなかったようであり、悲劇は起こらずに済んだ。

上覧相撲は成功裡に終わり、その後四回も、家斉は相撲を上覧している。上覧相撲が繰り返されることで相撲の興行にも箔が付き、相撲は社会的な地位を上昇させていく。

実際、江戸の町では上覧相撲を受けて、相撲が大流行し、子供たちも相撲取りの真似をしていたようだ。江戸城内での上覧相撲が、相撲人気の起爆剤となったわけだ。将軍のブランド力は、相撲の歴史を大きく変える役割を果たしたのである。

第六章　寺院の帰依争奪戦

一　将軍の厄除け大師

徳川ブランドで知名度アップ

厄除《やくよけ》弘法大師を本尊とする川崎大師平間寺《へいけんじ》（真言宗智山派）は、明治神宮、成田山新勝寺と並んで、全国初詣の人出ベスト3の寺院である。昭和四十八（一九七三）年から五年間は、全国一位の人出だった。智山派の関東三本山、あるいは関東三大師の一つとして、現在も数多くの参詣客で賑わっている。

同じく関東三本山の一つである成田山は、江戸のマーケットをターゲットとする卓越したマーケティング戦略により、全国区の寺院に成長したが、そうした事情は川崎大師も同じだ。それに決定的な役割を果たしたのが、将軍をはじめとする徳川一門の強力なバックアップなのである。

大治二（一一二七）年、平間《ひらま》兼乗という武士の出の漁師が、大師河原で弘法大師像を引き揚げた。当時四十二歳の厄年にあたっていた兼乗は、厄除けを祈願していたが、夢枕に立ったお告げに従って網を投じたのである。翌三（一一二八）年に小堂を建てて本尊としたのが、川崎大師のはじまりだ。兼乗の苗字を取って、寺号とした。

地域の厚い信仰を受けた川崎大師は、厄除けの御利益で、江戸の町にも次第に広く知られるようになった。江戸中期に入ると、吉宗の子である徳川御三卿の田安宗武の帰依を受け、本堂の再建費などが寄進されている。田安宗武と接点を持つに至った経緯はよく分からないが、宝暦二（一七五二）年十月五日、田安家では川崎大師に初めて代参を立てている。以後、川崎大師を永代祈願所に指定したと言う。

寛政三（一七九一）年二月十九日には、同じく御三卿の一橋治済《はるさだ》が参詣し、以後毎年参詣した。一橋治済とは、時の将軍家斉の実父だが、田安家の当主は自分の息子の斉匡が養子に入っていた。家斉の弟にあたる。既に川崎大師を厚く信仰していた田安家を通じて、厄除け大師のご利益を知ったのかも知れない。この年には、水戸家がはじめて代参を立てている。

同八（一七九六）年十月二十七日には、家斉が二十四歳前厄祈願のため参詣している。男性の場合、二十五歳そして四十二歳が本厄だが、徳川将軍（将軍世子）が二十五歳、四十二歳本厄の前後年（前・後厄）に、厄除け祈願で参詣したのはこれが最初だった。川崎大師までとなると、ちょっとした遠出の日帰り旅行であり、それも楽しみだったろう。

実父の一橋治済からの勧めで参詣したのだろうが、将軍が厄除けのため参詣したという事実は、厄除け大師の名前を江戸の町にアピールするのに絶大な効果をもたらした。将軍の実家一橋家の帰依を受けていたことがプラスに働いたわけだが、川崎大師側の働きかけも当然考えられる。

いずれにせよ、将軍の厄除け参詣が教勢拡大の追い風になったことは間違いない。何と言っても将軍であるから、数多くの寺院から厄除けの祈禱を受けたり、御守りなどを献上されていたことだろう。しかし、川崎大師の場合、わざわざ出向いて参詣しているわけで、インパクトの差は歴然だった。厄除けにご利益があると、将軍からお墨付きをもらったようなものだ。二十五歳の本厄の時は参詣しなかったようだが、十（一七九八）

表3　川崎大師・徳川一門関係年表

年月日		事項
宝暦2年(1752)	10/5	田安宗武初めて代参(以後永代祈願所)
寛政3年(1791)	2/19	一橋治済初めて参詣(以後毎年参詣)
	2月	水戸藩主徳川治保代参(以後毎年代参)
8年(1796)	10/27	24歳前厄祈願のため家斉参詣
10年(1798)	9/21	26歳後厄祈願のため家斉参詣
11年(1799)	3/19	尾張藩主徳川宗睦参詣(以後毎月代参)
12年(1800)	4/17	紀州藩主徳川治宝参詣(以後厄除祈願所)
文化3年(1806)	7/1	回向院で江戸出開帳(60日間)。厄除弘法大師の霊験譚「大師河原撫子話」が刊行。尾張藩主徳川斉朝開帳場に代参
10年(1813)	9/28	41歳前厄祈願のため、家斉参詣(初めて御膳所に指定される)。直前に、34世隆円上人急死
12年(1815)	11/9	43歳後厄祈願のため、家斉参詣
13年(1816)	2/15	家斉世子徳川家慶、24歳前厄祈願のため参詣
15年(1818)	3/23	家慶、26歳後厄祈願のため参詣。その際、幕府により御成門建立される
文政4年(1821)	5/1	清水斉明、代参（以後、祈願所）
6年(1823)	3/21	回向院で江戸出開帳(60日間)。6日より、市村座で「浮世柄比翼稲妻」上演。四建目が「大師河原開帳の場」
天保4年(1833)	3/23	家慶、41歳前厄祈願のため参詣
6年(1835)	3/23	家慶、43歳後厄祈願のため参詣
10年(1839)	6/17	回向院で江戸出開帳(60日間)
	9/1	一橋家屋敷に本尊厄除大師が入る
	9/2	江戸城に本尊厄除大師が入る
11年(1840)	1/22	葵御紋の水引・戸帳拝領
弘化4年(1847)	9/4	家慶世子家定、24歳前厄祈願のため参詣
嘉永2年(1849)	4/21	家定、26歳後厄祈願のため参詣

『平間寺史』(1934年)、『平成九年開創八百七十年記念川崎大師平間寺近現代史』(1999年）により作成

年九月二十一日、二十六歳後厄の祈願のため、家斉は再び参詣している。十一（一七九九）年三月十九日には、尾張藩主徳川宗睦が参詣した。以後、尾張家では毎月代参を立てている。十二（一八〇〇）年四月十七日には、紀州藩主徳川治宝《はるとみ》が参詣し、以後、紀州家の厄除祈願所に指定されたという。尾張・紀州両家が参詣したのも、将軍参詣という事実が大きかったのだろう。

この時期、御三卿の清水家は当主不在の時期が長かった。つまり、事実上徳川将軍家・御三家・御三卿のすべてが川崎大師に参詣（代参）していたことになる。表3に取り上げたのは、徳川一門の代表的な参詣事例に過ぎないが、徳川ブランドをバックアップに、厄除けとセットで川崎大師の知名度が急上昇していく様子が想像できる。

御成の後に特別開帳

将軍が厄除けで参詣した際、川崎大師側は普段拝観できない本尊を、特別に開帳した。将軍のための措置（内秘開帳）だが、川崎大師側は御成跡《おなりあと》開帳と称して、その後十五日間を上限に、特別に本尊を一般にも開帳した。開帳とは、通常は秘仏として参拝を許可しない仏像を、期間限定でその帳《とばり》を開き、信者に結縁《けちえん》の機会を与える行事のことである。

現在も広くおこなわれている。

川崎大師に限らず、将軍の御成を受けた寺院側が、御成跡開帳を実施するのは恒例になっていた。それが売りとなり、参詣客を増やすことができた。当の寺社にとり、御成跡開帳は将軍のブランド力に期待したイベントに他ならなかったのだ。一般参詣客にとってみれば、将軍が参詣したお陰で特別に拝観できるわけだ。御成跡開帳も、将軍の御威光を江戸っ子の心底まで浸透させる役割を果していたことになる。

ついに、文化三（一八〇六）年七月一日には、徳川将軍家及び一門の帰依という御威光を背景に、川崎大師は江戸出開帳（六十日間）をおこなった。場所は、両国橋近くの回向院。この時代、巨大な定住人口を抱える江戸で開帳すると、お賽銭をはじめ、短期間に多額の臨時収入が期待できる可能性があった。そのため、他の寺社の境内を借り、江戸出開帳をおこなったのだ。

開帳の効果を最大限に引き出すには、短期間に多くの人々の関心を引き寄せるためのメディア戦略が不可欠だった。川崎大師も江戸出開帳に合わせて、厄除弘法大師の霊験譚「大師《だいし》河原撫子話《がわらなでしこばなし》」を刊行している。滝沢馬琴が文を書き、弟子に山東京伝を持つ北尾重政が挿し絵を担当した。人気作家を起用することで話題性を狙ったのだろう。

こうした話題作りによって関心は高まり、参詣客もより多く集まっただろうが、それよりも何よりも、御膝元の江戸っ子にとっては、将軍様が拝んだ秘仏を一目みたいという気持ちの方が強かったかもしれない。もちろん、この出開帳は大成功だった。江戸っ子の間に厄除け大師としてのネームバリューが浸透し、川崎大師への参詣客増にも役立ったことだろう。

将軍家斉の参詣を契機に、川崎大師への関心が江戸の町に広まっているのを踏まえ、江戸出開帳が企画されたわけだ。そして、その勢いをさらに加速させたのが、四十二歳本厄除けを控えた家斉の参詣だったのである。

身代り話でさらに繁盛

文化十（一八一三）年九月二十八日、四十一歳前厄祈願のため、家斉は川崎大師に参詣することになった。ところが、家斉参詣の直前に、三十四世山主《さんしゅ》の隆円上人が急死するアクシデントが起きた。川崎大師はその死を伏せて、家斉の参詣を迎えた。

参詣後、家斉はその事実を知った。自分の厄の身代りで山主が死去したと、お側の者から聞かされた家斉はいたく感動し、五十石の寺領を寄進した。この一件を機に、幕府からは境内地を拝領したり、御成門も建立してもらえるなど、ハード面でも強力なバックアップを受けることになる。

川崎大師の山主が前厄の将軍の身代りになったという話は、江戸の町の評判となり、参詣客は激増した。江戸や近郊の観光名所を歩き回り、「遊歴雑記」という紀行文を書き残した隠居僧の大浄敬順は、その後の川崎大師を訪れている。

頃は申の刻に向うとすれど、行くあり帰るありて、雨天といへども、参詣の絶えざるは、弘法大師の高徳なりか、但し、中野の法泉寺（宝仙寺）、矢原の長命寺、西新井の総持院（寺）、白金両所の高野寺、みな各大師の尊像ありて、大旨由緒ありといへども、大師河原に及ばざるは、大師の尊形にも幸不幸のあるにや、縮《つま》るところは、平間寺の幸福といふべし、なかんづく、六・七年まへ、公四十二の御厄にあらせ賜ふにより て、厄除大師といえる名に因み、当院へならせ賜ひしところ、平間寺の住持、頓《とみ》に卒死せり、しかるに、御側衆誰にてやありけん、言上しけるに、公の御厄に代りて住寺（持）歿故せし上は、いよ〳〵君の御寿万々歳ぞと、祝しまいらせしに依て、平間寺へ五十石の寺領を給ひ、此時より永く御朱印地となれり、しかしより、中野宝泉寺（宝仙寺）

の末寺を放れて、大和の国長谷《はせ》寺の直末となり、今の大師堂狭ければ、再建の志願によつて、境内に引つゞき南に増地を賜はり、今度は拾余間に建広げると、今普請小屋を構えて、欄間組物の細工人数十人来り集ひ最中なり、弐拾年前とくらぶれば、総て境内・堂宇・僧房・庫裏・鐘楼・手水屋形にいたるまで、約《つつま》やかに善尽し美尽せり、猶又門前の茶店は以前は、漸く両三軒のみにて、いとも詫しき事なりしが、弐拾余年の今は、茶店両倒《(側)》に拾余軒建ならび、間口或は拾間、又は拾二三間なるもありて、見込には林泉を巧にし、家作を風流にして間数多く、おの〱酒をひさぎ、調理を商ふ（「遊歴雑記」『江戸叢書』六、江戸叢書刊行会、一九一六年）。

中の刻（夕方四時頃）になっても、たとえ雨天であっても参詣客が絶えない。江戸には西新井の総持寺（西新井大師）をはじめ、弘法大師の本尊を祀る寺院はいろいろある。しかし、川崎大師に及ばないのは、将軍の身代りになったというエピソードこそが、その理由だった。

ちょうど、大拡張の普請の真っ最中だったが、境内の建造物の素晴らしさは目を見張るばかりだった。幕府の強力なバックアップもあったが、それだけ厄除けを祈願する人々からの寄進や浄財が多かったのだ。

敬順は、門前の繁栄ぶりにも驚いている。二十年ほど前、江ノ島に行く途中、川崎大師に参詣したことがあったが、その時は二〜三軒ほどしか、茶店はなかった。ところが、将軍の身代りになったという評判が高まった後に参詣してみると、大きな茶店が十数軒立ち並ぶ人気観光地に大発展していた。茶店というより、高級感あふれる料理茶屋という感じだった。

将軍の身代りになったという評判が、川崎大師への参詣客を激増させ、門前町も莫大な経済効果の恩恵を受けた様子がよく分かる。当然、川崎大師側も、積極的にこの情報を流しただろう。将軍様々といったところだが、家斉は四十三歳後厄祈願でも参詣した。十二代将軍となる世継ぎの家慶も、前厄・後厄の年に参詣している。

幕府の費用で御成門が建立されたのは、家慶が二十六歳後厄祈願のため参詣した文化十五（一八一八）年三月だった。将軍が参詣する時だけに使用される門だが、家慶のような将軍の世継ぎが参詣した時も使用されたようだ。

将軍を迎える時は、御成の間のような空間が設けられた。多摩郡堀の内村（現東京都杉並区）の妙法寺（日蓮宗）も、厄除けのお寺として、武士、町人問わず江戸市民の厚い信仰を集めていたが、将軍も都合五回参詣している。現在、妙法寺には将軍を迎えた時に使用された御成の間が現存している。

川崎大師の場合は、御成門も御成の間も現存していないが、将軍を迎える際には、畳がすべて表替えとなり、三つ葉葵の幕が張られている。山主の先導で、大師像を拝した後、将軍は御成の間に入り、食事を取ることになっていたようだ。

将軍参詣の際には、白木の三方に独活《うど》と昆布を載せて献上するのが慣例だった。寺社によって献上品は異なり、妙法寺では土芋を献上している。

そして初詣の定番に

家斉にはたくさんの子供がおり、御三家・御三卿はもちろん、譜代・外様の区別なく、養子に出したり輿入れさせていたことは有名だ。このネットワークも、川崎大師にはプラスに働いたようだ。

家斉の参詣を受けて、養子先、輿入れ先の諸大名も参詣していくのは自然の流れだろう。その点でも、家斉が参詣したという事実は大きかった。その結果、徳川将軍家・御三家・御三卿および家臣団だけでなく、それ以外の諸大名および家臣団にも、川崎大師の名前は浸透していく。

天保十（一八三九）年六月十七日より、川崎大師は回向院で江戸出開帳をおこなったが、その際、江戸城本丸や一橋家屋敷に本尊が入っている。江戸城に入った時、川崎大師側は厄除けの御守りと、御洗米（神仏に供えた米）を千体ずつ献上した。厄除け大師の営業戦略だ。江戸の武家社会に向けての、これ以上のアピールはなかっただろう。

こうして、厄年になると川崎大師に御参りに行くのが、武家はもちろん、江戸っ子の定番となる。在りし日の江戸を伝える資料としての評価も高い『半七捕物帳』で、作者の岡本綺堂は主人公の半七をして、次のように語らせた。

昔は江戸から川崎の大師河原まで五里半とかいうので、日帰りにすれば十里以上、女は勿論、足の弱い人たちは途中を幾らか、駕籠《かご》に助《す》けて貰わなければなりません。足の達者な人間でも随分くたびれましたよ（「大森の鶏」『半七捕物帳』四、光文社文庫、二〇〇一年）。

江戸から川崎大師に参詣するには、東海道を西に向い、六郷の渡しで多摩川を渡って、川崎宿に入る。そして、道を左に取って、川崎大師に到着というのが一般的なコースだが、往復で四十キロメートル以上もあった。一日がかりの行程だった。
元々、江戸から小田原宿までの東海道周辺には、川崎大師だけでなく、江ノ島、鎌倉など、強力な集客力を持つ観光スポットが数多く点在していた。川崎大師周辺で見ても、現在は羽田空港の敷地内となっている羽田弁天社は、海辺の観光スポットであり、敬順も訪れている。社前の茶店で売られていた蒸しハマグリは、羽田の名物として知られていた。そうした恵まれた立地環境のなか、川崎大師が将軍の身代り伝説により、文化十年以降、強力な集客力を発揮しはじめたのだ。これについて、半七は次のように語る。

文化の初め頃に、十一代将軍の川崎御参詣があったそうで……。御承知の通り、川崎は厄除大師と云われるのですから、将軍は四十二の厄年で参詣になったのだと云うことでした。それが世間に知れ渡ると、公方様《くぼう》でさえも御参詣なさるのだからと云うので、また俄《にわ》かに信心者が増して来て、わたくし共の若いときにも随分参詣人がありました（「大森の鶏」）。

将軍の厄除け参詣が川崎大師への参詣者を激増させた事実が、時代小説の題材にも取り入れられているのだ。現在、全国初詣の人出ベスト3の地位を保ち続けているのも、その起源を辿れば、この将軍の厄除け参詣に求められる。まさに将軍のブランド力の賜物に他ならないのである。

二　金を呼び込む将軍家霊廟

将軍の死と穏便触

将軍が訪問すると、その場所は箔が付き、評判も自然と高まった。川崎大師などはその最たる事例だが、将軍の御威光が効力を持っていたのは、生前だけではなかった。

将軍が死去すると、江戸の人々の生活は様々な規制を受けた。例えば、諸大名や幕臣は頭の月代《さかやき》を剃ることが禁じられた。見た目が悪いが、将軍の喪に服するためである。身分により細かい規定があったが、その期間は一週間から三週間にも及んだ。

江戸の町を見ると、歌舞音曲や普請作業など音を立てることが、一ケ月前後禁じられるのが通例だった。風呂屋など火を使う商売も、営業禁止となる。

将軍の喪に服するために諸事慎み、穏便に済ませることが求められたのだ。自粛せよ、というわけだが、その旨の御触は、「穏便触」と称された。穏便触は御膝元の江戸だけでなく、全国に向けて発せられた。

成松佐恵子氏によれば、家斉が死去した天保十二（一八四二）年には、江戸から遠く離れた伊勢桑名の城下町でも、次のような光景がみられた（成松佐恵子『庄屋日記にみる江戸の世相と暮らし』ミネルヴァ書房、二〇〇〇年）。桑名藩松平家家臣渡辺平太夫の日記の二月四日の記事である。

今日、江戸よりおたよりがあり、大方おんびんぶれが出るであろふといふうわさあり、噂の通り、夜五ツ頃くる。大御所様薨去あそばされ候につき、鳴物・高声・ふしん・どふつき相成らず、百万遍、物静にいたし候やう、つき米・まきわり・臼ひき等、すべて日用の品、今日一日御停止なり、おんびんぶれがくるであろふ噂故、くれあいに露路の戸をつくろひ、ちや盆の底がはなれていたのをうちつける。銭湯も二三日は休むであろふといふうわさ故、大そう込む（「桑名日記・柏崎日記」『日本庶民生活史料集成』一五巻、三一書房、一九七一年）。

現役の将軍ではないが、家斉（大御所）の死去を受けて穏便触が出されることを予想し、平太夫は露路の戸を修繕したり、外れていた茶盆の底を付け直している。穏便触が出されると、一定期間、音を立てたり、高い声を出したり、あるいは普請作業もできなくなるからだ。皆で念仏を唱える百万遍の行事も、静かにおこなわなければならない。一日だけだが、米搗きや薪割り、臼を挽くことも禁じられたようだ。営業停止になることを見込んで、銭湯は混雑していた。

その夜は、予想通り穏便触が出され、桑名の城下町は異様な静寂に包まれた。祭りも開けず、主催する寺社などは非常に迷惑した。子供は凧も上げられなかった。生活規制が桑名の城下町まで及んでいたことが分かるが、同月二十九日の記事を見ると、平太夫は密かに、桃の節句の準備をしていた。

おんびん中なれど、白酒をこしらふつもりで、今日酒にひたしたげな、餅はつかれず、草だんご拵ふつもりじやげな（「桑名日記・柏崎日記」）。

穏便中であるため、お祝い事は慎まなければならなかったが、桃の節句に近いということで、白酒を造りはじめたのだ。供える餅も搗きたかったが、音が立ってしまうため、草団子を拵えている。渡辺家だけでなく、他の家も同じようなものだったろう。

各家庭の中に立ち入って見ると、規制は必ずしも守られていなかったことを示す興味深い事例だが、表向きは喪に服さなければならなかった様子も伝わってくる。こうした生活規制を通じて、江戸っ子は将軍の存在を再認識させられたのである。

霊廟門前の賑わい

将軍が死去すると、日光山に葬られた家康、家光、谷中墓地（霊園）に葬られた慶喜は別として、寛永寺（天台宗）と増上寺（浄土宗）のどちらかに葬られた。だが、当事者の両寺院にとり、将軍の霊廟を自院に建立できるか否かは大問題だった。

徳川家の宗旨は浄土宗であり、増上寺が菩提寺のはずだった。秀忠（台徳院）の霊廟（現東京プリンスホテルパークタワー）の存りし日の姿は、西武ドームに隣接する狭山山不動寺で知ることができる。

ところが、家光が寛永寺を強力にバックアップしたことで、寛永寺に家綱、綱吉と、続けて霊廟が建立された。これに危機感を持った増上寺の巻き返しにより、次の家宣は増上寺に葬られた。その後は、両寺院の体面を保つ形で、ほぼ交互に将軍が葬られ、霊廟が建立されている（浦井正明『もうひとつの徳川物語』誠文堂新光社、一九八三年）。

当代の将軍にとり、歴代将軍の祥月命日に霊廟に参詣することは公務に他ならなかった。将軍が参詣した後には、江戸在府中の諸大名も参詣が義務付けられていた。これを「諸大名御跡参《おおあとまいり》」と呼んだ。

御成が相済みますと、御三家御三卿を始め、諸大名御跡参りと唱え、大紋風折烏《だいもんかざおれえ》帽子《ぼし》で、長棒《ながぼう》の駕籠《かご》に乗り、御霊屋《おたまや》へ参詣する。上野広小路《ひろこうじ》に出《い》で、黒門が下馬《げば》ですから、御大名は双方行違いとなり、なか〳〵の混雑です（中略）御三家は遅く御参詣になり、「下に居《お》れ〳〵」でやって来るので、小大名《こだいみょう》は行合《ゆきあ》った日には、駕籠から出て控え、下座《げざ》せねばならぬから、スタコラ横町へ逃げ込み、遣過《やりすご》して、ノソ〳〵出懸る情ない滑稽なお話で、サテまた上野広小路の賑かさ、市中は言うまでもない、近郷近在《きんごうきんざい》より拝見の人々、黒山を築きます。店をズラリ列《なら》べるので、肩摩轂撃《けんまこくげき》という有態《ありさま》。この日に、日本橋通三丁目日本屋にて「袖武鑑《そでぶかん》」という黄色の表紙で、横に細き武鑑を売ります。これは武鑑の豊《とよ》と申す芝新網《しばしんあみ》のヤシ親分が乾分《こぶん》を連れて、「御大名御役人改り」と売歩く。値段は銭二百文でした（『増補幕末百話』）。

寛永寺内の霊廟に参詣した時の光景だが、諸大名は当日、大紋の礼服で風折の烏帽子を頭に被るという姿だった。寛永寺の門前に広がる上野広小路から、境内の霊廟（「御霊屋」）に向ったが、黒門前で駕籠から下りることになっていた。そのため、黒門前はたいへん混雑した。

御三家の行列がやって来ると、小大名は横道に入って、やり過ごしたという。こうした場合、御三家に敬意を表し、駕籠から下りて挨拶するのが決まりだが、自分のプライドが許さなかったため、こうした手段を取ったのだろう。

江戸在府中の全大名がやって来るため、上野広小路にはその行列を見物しようと、江戸市中はもちろん、近在からも多くの見物人が集まり、黒山の人集《ひとだか》りが築かれた。諸大名が各屋敷から行列を仕立て、江戸城に登城（下城）していく様子だけでなく、霊廟への将軍以下諸大名の参詣も、同じく江戸の名物だった。

黒山の人集りとなれば、それを相手にした商売が生まれるのは世の習いだ。上野広小路は江戸でも有数の盛り場だが、歴代将軍の祥月命日となると、出店の数がさらに増え、往来は非常に込み合った。将軍ビジネスが利潤を生み出す光景が、ここにもあった。江戸っ子の商魂はたいしたものだ。

当日広小路で売られた武鑑とは、諸大名や旗本の氏名、系譜、官位、家紋などが掲載された名鑑のことである。いわば官員録のようなものだが、実用書として相当の需要があり、毎年改訂された。袖武鑑というのは、袖口に入る携帯用のものである。

つまり、行列がやって来ても、武鑑を繰って槍や挟箱《はさみばこ》などの紋所を調べさえすれば、どこの大名かは一目瞭然なのである。それを見込んで、武鑑の豊という芝新網の香具師《やし》の親分が子分を引き連れ、人集りのなかを売り歩いたというわけだ。こうした光景は、増上寺でも見られたことだろう。

将軍以下諸大名による寛永寺、増上寺参詣とは、諸大名や江戸市民に歴代将軍の祥月命日を再確認させる行事でもあった。

燈籠の奉納献上

将軍が死去して、境内に将軍の霊廟が新たに建立されるとなると、回向のための祭祀料が幕府から寄進される。当然、諸大名も相応の金額を包む。六代家宣が死去した時を見ると、六十万石以上の大名は白銀三十枚、二十五万石〜六十万石未満の大名は二十枚を包むことになっていた（「有章院殿御実紀」）。

これだけで、相当の金額にのぼるわけであり、寛永寺にせよ増上寺にせよ、将軍の墓所に指定されるか否かで、その経営が大きく左右されることは明らかだろう。同じ檀家と言っても、将軍が檀家となれば、その件が大問題となって、争奪戦が激しくなるのも当然の成り行きなのだ。

諸大名は霊廟に、燈籠を奉納献上することも義務付けられた。将軍家霊廟も、まさに将軍と諸大名の主従関係を確認する場としての役割を果たしていたのだ。上野動物園の近くにある上野東照宮に行くと、諸大名から献上された燈籠が参道の両脇に現在も立ち並んでおり、在りし日の様子を感じ取れる。

増上寺の歴代将軍家霊廟に奉納された燈籠については、近年、伊藤友己氏が精力的に調査を進めている（伊藤友己「増上寺石燈籠群の考察」『東村山市史研究』一三、二〇〇四年）。燈籠と言っても、銅燈籠と石燈籠の二つのランクがあるが、銅燈籠の場合、十万石以上の大名は二基、十万石以下でも将軍家の一門である松平姓の御家門大名や幕閣経験のある大名は、一基ずつ献上するのが決まりだった。石燈籠は、五万石～十万石未満の大名が二基、五万石未満の大名は一基献上した。将軍一人につき、銅燈籠が百基以上、石燈籠が二百基以上になる計算だ。

十万石という石高が銅燈籠と石燈籠を分けた基準だが、将軍に近い立場にいる大名は例外だったようだ。幕府は諸大名に寸法を指示し、死去から一年以内には燈籠が霊廟に献上されたという。増上寺の各将軍家霊廟に奉納された燈籠は、現在埼玉県南西部や東京都多摩西北部の寺院などでも見ることができる（室生朝子『秩父古寺を歩く』新人物往来社、一九八七年）。

当代将軍の死後も、様々な形で将軍の御威光は保たれていたのである。

あとがき

様々な角度から、徳川将軍家の御威光の演出法をみてきたが、幕末に入ると、将軍を取り巻く状況は大きく変わる。軍事的威圧のもと通商を要求する諸外国との交渉で、軍事力の弱体さが露呈してしまう。これ以降、御威光が低下するのは避けられなかった。

慶応元年五月に敢行された大軍事パレードでは、将軍の姿を一目見ようと、多くの人々が押し寄せた。将軍の強力なブランド力が、改めて証明されたのだ。その姿を内外に広く見せることで、将軍への求心力の強化をはかろうという政治的思惑が裏にはあった。御威光を支えていた神秘性を自己否定するものだったが、姿を見せることで求心力の維持強化を目指す新たなメディア戦略は、明治政府も踏襲している。

家茂が出陣した長州戦争は、事実上幕府の敗北に終わり、家茂も大坂城で死去する。

跡を継いだ慶喜は、将軍在職一年も満たずに、大政を朝廷に奉還する。そして王政復古の大号令により、幕府は廃止された。戊辰戦争を経て、明治政府の誕生となる。

慶応四（一八六八）年七月十七日、江戸は東京と改称された。九月二十日、京都を出発した明治天皇は東京に向かった。東京への行幸（東幸《とうこう》）と称された。品川宿を経て江戸城西丸に入ったのは、十月十三日のこと。この日、江戸城は皇居と定められた。

東京市民には、天皇をお迎えする時の作法があらかじめ指示された。当日、天皇の行列が通過する道筋では、湯屋、蕎麦屋、うどん屋、鍛冶屋など、火を使う商売が禁止され、あるいは盛り砂が命じられるなど、将軍の御成道と同様の作法を取ることになっていた。二階の窓は閉めるよう命じられたが、目張りは不要とされた。

天皇の行列を一目見ようと、往来には物凄い人数が集まってきた。天皇に随行して東京に入った木戸孝允《たかよし》は、「今日往来両側の拝人幾十万、其数を知らず」と書き留めている（『東京市史稿』市街篇五〇、東京都、一九六一年）。『江戸名所図会』の編纂者として知られる神田雉子町の名主斎藤月岑《げっしん》も、立錐《りっすい》の余地もないほどの人出だったと記録している（斎藤月岑『増訂武江年表』二、平凡社東洋文庫、一九六八年）。江戸城出陣前、家茂が大軍事パレードを敢行した時の光景が再現されたのだ。

将軍の御膝元だった東京では、当然ながら、薩摩、長州藩が主軸の明治政府への反発は強かった。占領軍のようなイメージを持たれていただろう。東京への遷都も、既に政治日程にのぼっていた。東京市民の反発を少しでも和らげ、政府のイメージアップをはかることがどうしても必要だった。江戸城に入る前、天皇は増上寺に立ち寄っている。そこには、家茂も葬られた代々の将軍家霊廟があった。増上寺に詣でる形を取ることで、東京市民の反発を和らげたい思惑が秘められていたのだろう。

明治政府の最高首脳の一人三条実美《さねとみ》は岩倉具視《ともみ》に宛てた書状のなかで、今回の東幸で、市民に金子を下賜することを提案している。同様の政治的思惑に基づくものだ。しかし、結局は財政難のため下賜金は中止され、代りに酒を振る舞うことになった（天盃《てんぱい》頂戴と呼ばれた）。酒をもって、江戸っ子を制しようというわけだ。

十一月四日、明治政府は東京市民および近郊の農民に、天皇の東幸のご祝儀として、計三千樽余の酒を下賜した。一樽は四斗入りであり、一升瓶で言うと、十二万本分以上だ。酒は前日に、船で上方から着いたばかりの新酒だった。灘をはじめ上方からの新酒は、毎年十月から十一月にかけて江戸に入った。一番着を目指してスピードを競った廻船のレース（新酒番船）は、初物を好む江戸市民の間で人気が高いイベントだった。

下賜されたのは酒だけではない。改まった席で使われる土器《かわらけ》、錫製の瓶子《へいし》、そして祝事に用いられるスルメも頂戴した。土器などは、町ごとに一組ずつの割合だった。江戸城での町入能の際、江戸の町人は錫製の御神酒徳利などを賜ったが、それと同じである。明治政府からの指示もあり、東京市民は翌々日の六日と七日の仕事を休み、下賜された新酒を頂戴した。各町は山車《だし》や屋台を出して、今回の東幸をお祝いし、数日間、東京はお祭り騒ぎになったらしい。政治的な思惑が込められた御酒だったが、それを起爆剤に、不景気に陥っていた東京の経済を活性化させたい思惑もあった。

天盃頂戴に要した費用は、一万五千両ほど。明治政府としては、少ない経費で大きな効果をあげることができたようだ（『東京市史稿』市街篇五〇）。

さらに、明治三（一八七〇）年四月十七日には、明治天皇は一万八千人の大部隊を率いて、皇居から駒場野の練兵場に向かい、諸隊を閲兵した。廃藩置県の前であり、諸藩の連合軍を率いた形だが、この日は、天皇がその姿を、はじめて一般に見せた日だったと言う。軍装ではなく、直衣《のうし》姿であった。斎藤月岑も、沿道には群衆がつめかけたと記録している。鹿島萬兵衛が家茂の姿を見た青山には、外国人用の観覧席も設けられた（牧原憲夫「巡幸と祝祭日」『明治維新と文明開化』吉川弘文館、二〇〇四年）。

五年前、家茂が幕兵を率いた時と、まさに同じコースだった。前例としたのだろうが、それだけ、家茂のパレードはインパクトがあったのだろう。だからこそ、同じコースを取ったのかも知れない。明治政府は天皇の姿を意識的に見せることで、その存在を広く認識させ、政権の求心力を高めようとしていた（佐々木克『幕末の天皇・明治の天皇』講談社学術文庫、二〇〇五年）。そこで最も重点が置かれたのが、将軍の御膝元だった東京だ。何とかして、江戸っ子の心から将軍のイメージを消そうとしたわけだ。

しかし、将軍のブランド力は健在であり、そんなに簡単に消し去ることはできなかった。明治中期に入ると、旧幕臣を中心に、江戸を回顧する雑誌も多く出されるようになる。江戸時代を再評価することで、賊軍とされた汚名をそそぎたい強烈な思いがあった。

早くも明治二十二（一八八九）年八月二十六日には、旧幕臣らにより結成された江戸会が企画して、江戸開府三百年祭が上野公園で開催された。天正十八（一五九〇）年、家康が江戸城に入ってから三百年目という計算だった。旧暦で言うと、八月一日。徳川家康が江戸城に入った記念日（八朔）として、毎年江戸城では祝賀の儀式が執り行われていた。なかなか大胆なイベントだが、上野で開催することに意義があったのだろう。

上野公園は、将軍家霊廟もあった寛永寺の寺域であった場所だ。慶応四年五月十五日に起きた、彰義隊と官軍が激戦を繰り広げた上野戦争の戦場という因縁があった。

その戦場跡の上野公園で開催された三百年祭の実行委員長に就任したのが、当時の黒田清隆内閣で文部大臣を勤める榎本武揚だった。明治政府に最後まで抵抗した人物だ。委員には慶喜の家臣であった実業家渋沢栄一らが名を連ねた。このイベントの経費は、宮内省からの下賜金のほか、徳川一門や旧譜代大名、そして三井、三菱をはじめとする財界、経済界からの寄付金で賄われた。

当日、貴賓席には明宮《はるのみや》（後の大正天皇）、大蔵大臣松方正義、東京府知事高崎五六、各国公使が招待された。主役とも言うべき徳川宗家十六代の公爵徳川家達《いえさと》も、その席にいた。世が世なら将軍である。式場には松を描いた壁紙が貼られるなど、江戸城の御殿を模した飾り付けがなされた。三千五百人分の食事が用意された立食パーティの席では、列席者から家達に対して、東京万歳、徳川万歳の声があがった。

会場では、町火消の流れを汲む消防組の梯子乗り。中村勘三郎家による猿若狂言。吉原や新橋の芸妓による手古舞《てこまい》。競馬。上野公園は、これらの催しを見物する東京市民でごった返した。とにかく、物凄い人出だったようだ。

この賑わいで、上野周辺の飲食店は大いに恩恵を受けた。徳川家達公写真という幟を立てて写真を販売したり、権現様（家康）ゆかりと称した薬を売るなど、徳川ブランドに便乗した商売も随所に見られた。将軍ビジネスが復活したのだ（『東京市史稿』市街篇七八、東京都、一九八七年）。江戸幕府がなくなって、はじめての江戸ブームの到来だ。

このようなイベントは、その後も繰り返されたが、江戸が回顧されるたびに、将軍の存在も蘇った。三百年近く将軍の御膝元だった歴史の重みだ。こうして、現在もなお、江戸の歴史が語られる際には、徳川将軍家は強力なブランド力を発揮し続けている。

本書の原稿がほぼ書き上った二〇〇六年の初夏のある日、前著『観光都市 江戸の誕生』に引き続き、編集を担当してくれた内田浩平氏と一緒に、徳川宗家十八代で徳川記念財団理事長の徳川恒孝《つねなり》氏の御講演を拝聴する機会があった。

二〇〇五年より、東京商工会議所が中心となって活動している、江戸観光をキーワードに地域活性化をはかる研究会（江戸観光研究会）での講演だった。

三百年ほど遡った元禄の頃、学問に深い関心があった将軍綱吉は、江戸城に諸大名を集め、儒教の解説書である論語などを講義した（御講書と呼ばれた）。

徳川氏の講演を拝聴しながら、この御講書の場面が頭に浮かんできた。諸大名は平伏した形で拝聴した。どのくらいの時間、その格好のまま、綱吉の講義を聞いていたのかは分からないが、殿様たちにとっては、なかなかたいへんなことだったろう。

将軍がどんな生活を送っていたのかを教えてくれる信憑性ある史料はほとんど残されていない。明治に入って、幕府が消滅して将軍職も廃止され、いわば守秘義務が解けたことで、将軍の側近く仕えていた者たちの口から、どんな生活を送っていたかが公然と語られるようになったが、その実像はまだまだ朧気なものである。

しかし、本書で取り上げたように、東京には将軍の由緒を伝える名残りが、数多く残されている。そこから遡って、徳川将軍家とはどんな存在であったのかを考えてみた。

前著に引き続き、新潮新書編集部の三重博一編集長、そして内田氏からは、今回もいろいろなアドバイスをいただきました。末筆ながら、深く感謝致します。

二〇〇六年十二月

安藤優一郎

安藤優一郎　1965（昭和40）年千葉県生まれ。歴史家。多くの生涯学習講座の講師を勤める。日本近世政治史・経済史専攻。文学博士（早稲田大学）。著書に『観光都市 江戸の誕生』『江戸の養生所』など。

Ⓢ新潮新書

198

徳川将軍家《とくがわしょうぐんけ》の演出力《えんしゅつりょく》

著　者　安藤優一郎《あんどうゆういちろう》

2007年1月20日　発行

発行者　佐　藤　隆　信

発行所　株式会社新潮社

〒162-8711　東京都新宿区矢来町71番地
編集部(03)3266-5430　読者係(03)3266-5111
http://www.shinchosha.co.jp

印刷所　二光印刷株式会社

製本所　憲専堂製本株式会社

ISBN978-4-10-610198-4　C0221

価格はカバーに表示してあります。